Internal Family Systems Couple Therapy Skills Manual
Healing Relationships with Intimacy From the Inside Out
Toni Herbine-Blank & Martha Sweezy

カップルセラピー
のための
内的家族システム療法
マニュアル

トラウマを超え真のパートナーシップを
創造する**IFIOアプローチ**

トニー・ハーバイン - ブランク／マーサ・スウィージー 著　　花丘ちぐさ／山田岳 訳

岩崎学術出版社

Internal Family Systems Couple Therapy Skills Manual:
Healing Relationships with Intimacy From the Inside Out
by Toni Herbine-Blank & Martha Sweezy
Copyright © by Toni Herbine-Blank & Martha Sweezy
Japanese translation rights arranged with PESI Publishing & Media, USA
through Japan UNI Agency, Inc., Tokyo

訳者まえがき

　内的家族システム（IFS）は，リチャード・シュワルツ博士によって開発された心理治療モデルで，斬新な発想をもとにしている。私たちの内面には，様々な人格を持ったパーツ（副人格）があり，基本的には善意の意図を持ち，その人を守ろうとして，懸命に行動している，と考える。例えば，生真面目に頑張りすぎる人がいたとする。その人は，幼いころ，「ちゃんとできていない」,「お前はダメだ」などと叱責された体験を持っていたとしよう。すると，その人を守ろうとするパーツが生まれる。そしてこのパーツは，「もう二度とこのような辛い体験をしないように，厳重に注意しよう」と，必要以上の努力をして失敗を避けようとする。その人が，働きすぎて身体を壊すようなことがあっても，「もっとがんばらなければ」と，努力を求めつづける。そうこうしていると，バランスを取ろうとする別のパーツが生まれてくる。「そんなことをしていては，身体を壊してしまう」,「もっと気を緩めたほうがいい」と言って，そのパーツは飲酒し始める。そして，その飲酒するパーツは，その人のことを思うあまり，必要以上に飲酒してしまう。

　このように，どのパーツも善意で動いており，本来，悪いパーツなどはいないのだという視点を持つことは，非常に人間的で思いやりに満ちている。そして，幼いころに生まれたパーツが，偏った考えをもっていることについて，叱ったり，矯正したり，排除しようとするのではなく，その人がすでに成長していて，もっと事態をより良くコントロールできるようになっているために，そこまで極端に働かなくてもよいのだと教えてあげることによって，極端なパーツが安心し，変容していくように導いていく。このように，問題行動を病理化しないアプローチは，世界中のセラピストから歓迎されている。

　本書は，この概念をカップルに当てはめて展開していくものである。IFIO は，"Intimacy from Inside Out"「親密さを心の中から理解する」という手法である。IFIO が素晴らしいのは，カップルの構成員を，それぞれの過去の体験の集大成として見ていて，様々なパーツを持っていると捉えている点である。そして，カップル間の緊張や対立を，パーツワークの視点から紐解き，勇気あるコミュニケーションができるように導いていく。

　共訳者の花丘ちぐさ氏と私とは長年のパートナーであるが，彼女の中にもいろいろなパー

ツが立ち現われて来る。私もそうだ。お互いに，「こんなパーツが出てきているよ！」と指摘しあって，笑いが出ると，二人の関係性から緊張が消え，友好的に，コミュニケーションを通して問題を解決することができる。IFIO は，私たちの関係性を良好なものにするためにも役立っている。この IFIO の手引書を，パートナーである花丘氏と一緒に翻訳できたことは，楽しいプロセスだった。本書は，カップルにとって関係性を高めていくために，実生活で実施できる具体的なやり方が盛り込まれている。ぜひ活用されたい。

　パーツを知る旅は自分を知る旅であり，パートナーにとっては互いを知る旅となる。また，逆転移に目を向ければ，セラピストが自分を知るプロセスにもなる。IFS の創始者であるリチャード・シュワルツ氏，この本の著者であるハーバイン‐ブランク氏がもたらした叡智に感謝し，Self につながりながら，自らを理解し，他者を理解することで，より平和な世界への一助になれば幸いである。

2023 年 8 月吉日

山田　岳

本書への賛辞

　「このカップルセラピーのマニュアルは，IFS のカップルセラピストがどのようにセラピーを行うかをわかりやすく説明し，また図解しています。これは，家庭で練習したり，セラピーが終結した後のフォローのためにカップルが練習できることを目的としています。ですから，他の方法論を専門としているセラピストも，IFS カップルセラピーの深さと有用性に触れて，自身のセラピーの質を高めることができます。またカップルであれば，相互作用する「パーツ」が交わり合うときに，専門的なガイダンスを得ることができるでしょう。

　　　　　　　　　　——ハーヴィル・ヘンドリックス博士とヘレン・ラケリー・ハント博士

　　　　　　　　　　　　　　　　　　　　　　　　『あなたが望む愛を得るために』の著者

　ハーバイン－ブランクとスウィージーが作成したこのマニュアルは，優雅でシンプルでありながら，驚くほど深いものです。治療モデルは，しばしば自分の治療実践に統合するよりも，教える方が簡単なことがあります。このマニュアルは，彼らの治療モデルであるインティマシー・フロム・インサイドアウト（Intimacy from the Inside Out：IFIO）（訳注：内面からの親密さを表出させる）をどのように活用するかを示しており，無数のケーススタディが驚くべき結果を示してくれています。このマニュアルの中に紹介されたカップルたちは，次々と防衛の鎧を脱ぎ，優しさとコンパッションを持ってハートを開き，親密さを高めることに成功しています。ベイトソンの有名な言葉に，"地図は領土ではない" というものがあります。しかし，本書は，IFIO のマスターの部屋にいるのと同じくらい役に立つ地図です。これは宝の地図です。あなたの人生を一変させるかもしれません。

　　　　　　　　　　——デビッド・トレッドウェイ博士，セラピスト，教育者，

　　　　　　　　　　『カップルを効果的に治療する・協調的カップルセラピーの実践的ガイド』の著者

著者について

トニー・ハーバイン‐ブランク，MSN，RN

　トニー・ハーバイン‐ブランク（MSN，RN）は，IFS内的家族システム研究所のシニア
トレーナーで，IFIO（インティマシー・フロム・インサイドアウト）トレーニングプログ
ラムの唯一の開発者。カップルセラピー・トレーニングプログラム，リトリート，ワークシ
ョップを全国で開催している。また，共著に『インティマシー・フロム・インサイドアウト
‐カップルセラピーにおける勇気とコンパッション』があり，国際的に活躍している。家族
と一緒にコロラド州デュランゴに住んでいる。

www.toniherbineblank.com

マーサ・スウィージー博士

　マーサ・スウィージー博士は，ハーバード・メディカル・スクールの助教授で，ケンブリ
ッジ・ヘルス・アライアンスのコンサルタント兼スーパーバイザーである。ケンブリッジ・
ヘルス・アライアンスの弁証法的行動療法（DBT）プログラムの元アシスタント・ディレ
クターであり，現在はディレクターを務める。共著に，『IFSスキルトレーニングマニュア
ル‐不安，抑うつ，PTSDおよび薬物乱用におけるトラウマ・インフォームド治療』がある。
ほかに，『インティマシー・フロム・インサイドアウト‐カップルセラピーにおける勇気と
コンパッション』の著者，『IFSのイノベーションと精緻化』『IFSその新たな次元』の著者，
および共同編集者である。IFSに関する記事をJournal of Psychotherapy Integrationと
American Journal of Psychotherapyに執筆している。マサチューセッツ州ノーサンプトンで
セラピーとコンサルテーションを実践している。

献　辞

　私はこの本を，絶え間ない愛とサポートをくれる夫のジョーダン，一致した状態を保つよう私に求めてくれる愛馬レッドホーク，そして毎回私におもちゃを投げて欲しいとせがむ愛犬ウェイロンに捧げます。

──トニー・ハーバイン‐ブランク

　私はこの本を，私の大切な友人であり人生の伴侶である，兄弟姉妹とそのパートナーに捧げます。　サム・スウェージーとスーザン・キャラハン，　そしてリベス・スウェージーとケン・ミラーです。

──マーサ・スウィージー

目　次

謝　辞

　21 年前，IFS の研修でトニー・ハーバイン – ブランクに会ったとき，私は彼女の IFS モデルへの理解と適性に感銘を受け，トレーナーになることを検討してほしいと頼みました。幸いなことに，彼女は承諾してくれました。すでに経験豊富なカップルセラピストであったトニーは，私の IFS カップルセラピーのフレームワークに惹かれ，すぐに IFS に基づいたカップルセラピーのトレーニングを開発することを私に打診してきました。その結果，インティマシー・フロム・インサイドアウト（Intimacy from the Inside Out：IFIO）（訳注：内面からの親密さを表出させる）という，質の高いプログラムが生まれ，国内外で広く受け入れられてきました。トニーは，この優れたトレーニングを開発する一方で，IFS のミッションに揺るぎないこだわりを持ち続けました。その明晰さと勇気で知られるトニーは，教師として，同僚として，友人として，IFS のコミュニティで愛されています。彼女の貢献はとてつもなく大きいものでした。とても感謝しています。

　　　　　　　　　　　　　　——リチャード・C・シュワルツ（IFS 創設者，博士）

　マーサ・スウィージーの絶妙な執筆，編集，協力に感謝します。IFIO の献身的なスタッフ，キャシー・カーティス，アン・ドルイエ，ケイト・リングレン，ジョアン・ガフニー，ジョン・パーマー，ラリー・ローゼンバーグ，ロビン・ウォッシュ，ナンシー・ワンダー，ジュディ・ゾルダンに心から感謝の意を表します。また，IFS モデルを提供してくれたディック・シュワルツ博士と，IFIO を継続的に支持してくれるジョン・シュワルツ氏に心から感謝します。PESI のリンダ・ジャクソンとジェネッサ・ジャクソンのサポート，専門知識，そして忍耐力に感謝します。そして最後に，私の家族と友人が，いつも応援と励ましをくれたことに感謝します。

　　　　　　　　　　　　　　　　　　　　　　　——トニー・ハーバイン – ブランク

　トニーは楽しく，賢く，そして寛大な協力者です。そして，IFIO のマニュアルを共同執筆する機会を与えてくれたことに感謝します。いつものように，私のパートナーであるロブ・ポステルの優しさと愛情に感謝します。そして，PESI のリンダ・ジャクソンとジェネッサ・ジャクソンに感謝します。

　　　　　　　　　　　　　　　　　　　　　　　　　　——マーサ・スウィージー

はじめに

　トニー・ハーバイン‐ブランクは，個人，カップル，家族，コミュニティ，組織などに用いられる IFS 内的家族システム療法の一分野として，カップル療法「インティマシー・フロム・インサイド・アウト（IFIO）」を開発しました。親密な関係は，痛みを伴うジレンマをもたらすことがあり，パートナーは違いを乗り越える必要があります。もし，そのプロセスで互いから分離し，つながりを保つことができなければ，ダン・シーゲルが書いたように，彼らは感情の混乱や硬直を経験することになります（2007）。IFIO は，パートナーの強みにアクセスすることで，パートナーが互いを区別しながら，つながりを保てるように設計されています（Herbine-Blank, Kerpelman, & Sweezy, 2016）。巧みなコミュニケーションや聴き取りを通じて，人間関係は深まり，変容していきます。IFIO では，パートナーが敬意を持って意見をぶつけ，勇気をもってコミュニケーションをとり，心から謝り，自由に許し，つながり続けることを目指します。愛のあるつながりは，持続的な幸福をもたらします。

　本書は，IFIO の流れをわかりやすく体験的に説明し，対人コミュニケーションのテクニックと深い心理的な内的探求を織り交ぜながら読者を導いていきます。セラピストやカップルが，対立のパターンに効果的に介入し，防衛的な権力闘争を止めて，相手を攻撃したり黙り込んだりせず，お互いの傷つきやすさを示し合いながら対話できるようにします。その過程で，自分自身と他者を理解するために，ブレンド解除という IFS に不可欠なテクニックを使えるように導きます。

　第 1 章では，IFIO の概念的な基礎を紹介します。この概念には，私たちは皆，意欲的で活動的なサブパーソナリティ，またはパーツを持っており，それらが私たちの見解や行動に影響を与えるという考えが含まれており，また簡単に利用できる 2 つの重要なスキルが紹介されています。まず，パーツと関係を持つためにパーツとブレンドしないようにすること，次に，思わず反応してしまう瞬間，そのパーツを助けるために，内側に注意を向けること，または U ターンすることについて解説します。さらに，カップルの関係ダイナミクスの中核をなす強迫行為の根底には，自律神経反応性のパターンがあることを説明します。

　第 2 章では，IFIO の各フェーズにおいて，クライアントに使用するテクニック，ケース

スタディ,ユクササイズをステップ・バイ・ステップで紹介していきます。フェーズ1では,私たちはカップルとつながり,彼らの関係性のダイナミクスを評価し,IFIO を紹介し,彼らの防衛パーツと関係を構築します。フェーズ2では,対立するパターンを追跡し,パートナーがパーツに対して話すことができるように,そして心から聞くことができるように,ブレンド解除を支援します。私たちは,カップルが互いの違いを心地よく認めながらもつながりを保ちこれまで長い間できなかったような方法で話し合う練習ができるように,違いの必然性と許容性を理解することを目的としています。フェーズ3では,謝罪と許しの意味を探求し,それぞれの役割を果たす機会を与え,二人が出会う前にこうむった古い心の傷を癒すためにお互いをサポートするための土台を整えます。

第3章では,カップルの関係性の核となる強迫行為の背景に自律神経反応パターンがあることを説明し,これらの現象についてカップルと議論する方法を説明します。

最後に,第4章では,カップルセラピストに共通する課題について説明し,第5章では,対立するパートナーの相互作用を記録し,修復できるよう,追加の体験的なエクササイズを提供しています。

IFIO のアプローチは体験的に理解するのが一番なので,セラピストはクライアントに適用する前に,これらのエクササイズを個人的に試してみることをお勧めします。パートナー,友人,同僚と一緒に試してみてください。あるいは,あなたの心の目を通して想像しながら,あなた自身の二極化したパーツ,あなたの知り合い,または取り組みやすいと思うカップルについて IFIO を使ってみてください。

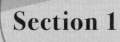

基本コンセプト

パーツ ● ● ●

　IFIO は，リチャード・C・シュワルツが開発した，IFS 内的家族システムをもとに構築されています。IFS では，人の心の中には複数の人格があり，それは異常なことではないという考えに基づき，その多重性に巧みにアプローチします。IFS は，家族療法のシステム思考を，個人，カップル，グループセラピーに応用したものです。その大前提は，私たちは皆，シュワルツが「パーツ」と呼ぶものを持っているということです。例えば，「私のあるパーツはパーティに行きたいが，別のパーツは家にいたい」というようなことは誰にでもあることです。パーツは，人生を通じて発達的な順序で現れ，それぞれの個性，気質，あらゆる種類の感情を持ちます。私たちは，自分のパーツの感情，思考，感覚に気づくことができますし，自分のパーツと話すことができます。その動機について尋ねれば，たいてい答えてくれます。最も重要なのは，彼らの行動に関係なく，私たちのパーツは，私たちが望むものを，私たちと同じように望んでいてくれるということです。つまり，つながり，受け入れてもらうこと，および愛を求めています。

　人と同じように，パーツも内なる共同体の中で生活し，そこで同盟関係を築いたり，対立したりします。この共同体の最も弱いメンバーが，怖い，愛されない，恥ずかしいと感じると，他のパーツは防衛の役割を担い，傷ついたパーツ（追放者）を意識から追い出し，その痛みが二度と起こらないようにすることを精力的に行おうとします。

　私たちは，保護的な防衛パーツを管理者，反応する防衛パーツを消防士と呼んでいます。管理者は，社会的なつながりを維持することに重点を置き，弱さや良くない面を連想させる性質を隠そうとするパーツです。その主な手段は抑制で，解離や

否認などの精神的苦痛の症状，自己批判，警告，脅し，将来に対する暗い見通しなど，さまざまな形で現れます。感情的な苦痛から解放されたいと願う反応性の高い防衛パーツは，こうした抑制に反抗と抑制解除で対抗します。彼らの戦略が素早く効果を発揮している限り，これらのパーツは結果を気にすることはありません。消防士が好んで選ぶのは，薬物使用，摂食障害，ポルノ，乱交，その他，良い気晴らしになるようなリスクが高い行動です。抑制する者と抑制しない者がいますが，すべての防衛パーツは感情的な痛みを意識から遠ざけようとしています。彼らは，傷つきやすいパーツを追放するとパニックや痛みが増すことを理解していないのです。追放されたパーツがパニックになって何とか意識に入り込もうとすると，防衛パーツは単にそれを排除する努力を倍加させるだけです。この繰り返しで，精神と感情のエネルギーを大量に消費してしまうのです。

　私たちは，抑制と抑制解除を行ったり来たりするだけの人生を生きる必要はありません。ほとんどのクライアントは意識していませんが，私たちは皆，パーツだけでなく，思いやりと広い意識と知恵の源泉である「Self（セルフ）」を生まれながらにして持っているのです。IFIO カップルセラピーのパートナーは，内面的にも外面的にも安全で安定した愛着を築くために，防衛パーツとはブレンド解除し，Self にアクセスし，個人的な傷や人間関係の傷を癒す練習をします。身体に落とし込まれたSelf を，内なる広さと静けさとして経験する人もいれば，今まで味わったことがないような冴えわたる感覚，身体中を走るピリピリとしたエネルギー，開かれたハートの感覚として表現する人も多くいます。この現象を理解する最善の方法は，体験的に味わってみることです。ここからは，Self についての詳細と，Self にアクセスする方法について解説していきます。興味のある方は読み進めてください。

 ## パーツの性質

パーツ全般：

- 発達的な順序で存在するようになります。
- 人の内的システムには，パーツがあり，その一つ一つがサブシステムを持っており，さらにそのサブシステムの一つ一つにサブシステムがあり，これが無限に続いています。
- 感情，思考，意見，そしてコミュニティの中で役割を持ちます。

- 興味，才能，スキルを持っています。
- 私たちのためにポジティブな意図を持っています。

パーツとは何か：
- あるパーツは，ありのままの傷つきやすさを持ちながら拒絶され，追放された状態で生きています。

パーツが行っていること：
- これらのパーツは，安全であろうとするために，その人を守る役割を担い，脆弱^{ぜいじゃく}なパーツを追放します。
  - 先回り型の防衛パーツは，感情的な苦痛を積極的に回避します。そのスタイルは抑制的，管理的であり，社会的に受け入れられやすいです。
  - 反応型の防衛パーツは，感情的な苦痛を反応的に紛らわせます。そのスタイルは抑制がきかず，衝動的で，社会に対して挑戦的です。

ブレンド解除 ● ● ●

　IFS セラピストは，パーツが Self からブレンド解除するのを助けます。IFIO のカップルセラピストは，パートナーがお互いからお互いをブレンド解除し，パーツが Self からブレンド解除するのを助けます。分化する，あるいは融合が解かれるという経験は，望遠鏡から世界を見るようなものです。あるパーツが分離すると，私たちは突然，より遠くまで，より明瞭に見ることができるようになります。複数のパーツや複数の人の視点を見ることができ，パターンや選択肢を見渡すことができるのです。

　IFIO では，特にカップルに，彼らの防衛パターン（防衛パーツの防御戦略）と彼らの脆弱性が常に一緒になっていることを理解してもらいたいと考えています。すべての防衛パーツと，防衛パーツ間の対立の下に，私たちは追放された感情的な痛みを見つけます。防衛パーツは，この痛みを明らかにすることに熱心ではありません。実際，それを明らかにしないことが彼らの仕事なのです。しかし，好奇心を持つことによって，私たちはこうしたパーツをなだめて，もっと話してもらえるようにします。また，彼らの動機を尊重することによって，私たちに真剣に向き合ってくれるようになり，また，親切であることによって，より近くに彼らを招くこと

ができます。好奇心，承認，優しさ，そして彼らが引き起こしたかもしれない損害に対する許しは，防衛パーツがブレンド解除するのを促し，彼らの懸念や恐怖について直接コミュニケーションを取るように彼らを促すことになります。

　私たちは，パーツを見つけるために，まず身体に目を向け，感覚や感情，思考に気づくために身体の内側に入っていきます。注意は，私たちの名刺のようなものです。対象を選び，それに集中することで，相手がこちらに注意を払うように誘い，そこから人間関係が始まります。管理者パーツは抑制的であるため，関節，横隔膜，喉，顎，肩，腰などに現れることが多いです。内分泌系と神経系を活性化する消防士は，心拍数の増加，呼吸の速さ，瞳孔の散大など，闘争／逃走反応において見えてくることがあります。一方，基本的に追放者は，心臓，腸，背中の周辺に多く存在します（Schwartz & Sweezy, 2019）。あるパーツが身体のどこに，どのように現れているかに気づいた後，私たちはそのパーツを知るための許可を求めます。特に他のパーツが，対象パーツを恐れている場合，他のパーツが対象パーツに近づくことを反対することもあります。たとえば，他人に対して爆発的に怒ったり，内面的に厳しく批判したりするパーツもあります。このマニュアルを通じて，このような場合に使える選択肢についても説明します。

　しかし，もしカップルセラピーを進めてもいいということであれば，クライアントの Self を身体に落とし込むために，対象パーツ，および他のすべてのパーツをブレンド解除することから始めます。あるパーツにおいてまだブレンド解除の準備ができていない場合は，別の方向に進み，クライアントが聞いているなかで，そのパーツと直接話をするのも一つの方法です。また，そのパーツが完全にクライアントの身体を支配して，何を感じ，何をしたいかを私たちに示すように誘うこともできます。セラピーの最初に防衛パーツへインタビューするとき，私たちは，防衛パーツが，より少ない労力で，より多くの望みをかなえることができることを知ってもらいたいと思います。カップルに説明するとき，私たちは，防衛パーツは弱い立場の幼い子どもたちを救う任務を負った忠実な兵士のようなものだと言っています。カップルが自分たちの行動を歴史的な文脈で理解することで，柔軟性を持ってもらいたいのです。また，彼らの防衛パーツにも柔軟な視野を獲得してほしいとも思っています。

セラピストを信頼して，早くからブレンド解除に取り組むパーツがいる一方で，多くの安心感を必要とするパーツもいます。両方のパートナーの防衛パーツは，以下の点を知る必要があります。

　（1）ブレンド解除を求めることは，彼らを拒絶したり黙らせようとする試みではないこと，（2）セラピストは両方のパートナーが自分たちの追放者の面倒を見る強さと知恵を持っていると信じていること，（3）セラピストは，たとえクライアントが極端に反応するときでも，いつでも両方のパートナーをサポートすること，です。これらの点は，彼らが懸念を表明する機会を与えることによって，彼らを安心させます。もし，ブレンドが解除できないパーツがあれば，その恐怖に徹底的に対処し，準備が整ったときにのみ進めていきます。次の 3 つの質問は，これから紹介する例を通じて，ブレンド解除に関する防衛パーツの不安を引き出し，理解するのに役立ちます。

1. クライアントに「私たちが対象パーツに注意を払うことに，あなたの中の何が反対しているのですか？」と聞きます。
2. 防衛パーツに「ほんの少し柔軟になって，離れてもらってもいいですか？その気になればいつでも今の状態に戻れますよ」と直接聞きます。
3. 防衛パーツがブレンド解除したとき「対象パーツに対してどのように感じていますか？」とクライアントに聞きます。

人間関係における投影●●●

　防衛パーツは，自由に使える武器としてさまざまな行動を取ります。彼らは目的を達成するために，私たちの身体，感情，意識，そして行動を利用します。フロイトが投影と呼んだそのような行動の一つは，人間関係において特に重要です。投影は，内的なプロセスを外的な人間関係にまで拡大することで，感情的な苦痛を否定したり，そらすことの一歩先を行くものです。投影のプロセスでは，人物Ａの中の防衛パーツが，人物Ｂがある属性を示していることを批判しますが，それは実際には人物Ａの追放者または別の防衛パーツの特徴であり，そのパーツは外に押しやられているのです。防衛パーツは，あらゆるものを投影することができます。それは恐怖や怒りのような強烈な否定的感情，無邪気さのような脆弱な状態，善悪

を裁くような抑制的行動，ひきこもりや衝突回避のような抑制的行動，飲み過ぎたり，心配してパートナーを追いかけるような抑制のない行動かもしれません。投影は，人物Bにとっては正確かもしれないし，そうでないかもしれないのですが，人物Aのパーツにとっては常に正しく，現実そのものなのです。

　投影は多くの対人葛藤の中心ですが，カップルはその概念に抵抗する傾向があります。その結果，経験的に投影を取り戻す手助けをするのが最も効果的です。私たちは，シュワルツ博士がUターン（Schwartz & Sweezy, 2019）と名付けた技法を中心に，さまざまなエクササイズを用意しています。Uターンエクササイズは，パートナーに葛藤の原動力を内側に見るように求めることで，投影を逆転させるものです。各エクササイズは，パートナーが内面に注目し，相手の感じていることや言っていることに気づき，その動機について尋ねるように導きます。Uターンエクササイズでは，必ず，防衛的な反応に拍車をかけている古い傷である追放者と，安全に関する，長年の信念が明らかにされます。Uターンをすることでそれぞれのパートナーは，相手が自分の感情や行動を，防衛的反応性から，追放された脆弱性へと辿るのを目撃する機会を得ることができます。初期のつらい体験がつながった瞬間は，思いやり，共感，理解に満ちた関係への再転換の扉が開かれます。

感情調整とUターン●●●

　感情調整という言葉は，強い感情状態を調節し，現在にとどまるための個人の能力を表します。このスキルは，カップルにとって非常に重要です。対人関係で困難な状況に陥ったとき，一時停止し，Uターンし，激しい反応から解き放たれる能力を持つことは，自分を落ち着けるための土台となり，また，次のような場合に穏やかなつながりに戻るための基礎となります。Uターンはカップルにとって非常に重要であるため，IFIOの臨床家はさまざまなUターンの質問を開発し，エクササイズに盛り込み，多くのケーススタディで説明しています。

Uターン

・反応性，思考，感情，感覚に気づきます。

- 反応するパーツが内面で何をしているのか，何を言っているのか問い合わせます。
- 反応したパートナーに，次のことを行ってもらいます
  - 内面に入って，好奇心を持ちます。
  - パーツにブレンド解除を依頼します。
  - それは誰なのか，誰を守っているのかを問います。
  - 耳を傾け，検証します。
- トリガーになるような言動をしたパートナーにもUターンをしてもらいます。Uターンすることで，トリガーとなる発言や行動をする前に，内面で何が起こっていたのかが明らかになります。

インサイト（洞察）とダイレクトアクセス●●●

　IFSでは，Selfが現れるように，パーツにブレンド解除を促します。少なくとも何らかの方法でブレンドがなくなれば，クライアントはSelfから自分のパーツとコミュニケーションをとることができるようになります。私たちは，「話しかける」のではなく「コミュニケーションする」と言います。なぜなら，なかには自分のパーツと言葉でコミュニケーションできる人もいますが，自分のパーツを見たり，感覚的に感じたりする人もいますし，いくつかの方法を組み合わせてパーツを体験する人もいます。内的には，すべての選択肢が可能であるため，コミュニケーションの形態は様々です。Selfとパーツとの間に開いているチャンネルなら，どんなものでも役に立ちます。クライアントがパーツとコミュニケーションするとき，私たちはそれをインサイトと呼びます。しかし，クライアントのパーツがブレンド解除しようとせず，内なるコミュニケーションのチャンネルが開いていないときは，別の選択肢が必要になります。Selfから自分のパーツにコミュニケーションをとる2つ目の方法はダイレクトアクセスと呼ばれ，セラピストがクライアントのパーツと直接対話するものです。ダイレクトアクセスは，カップルセラピーの中で，特に最初のうちはよく使われます。

　ダイレクトアクセスは，インサイトとは対照的に，言葉によるものでなければなりません。セラピストのSelfがクライアントのパーツに話しかけ，クライアントのSelfは，まだ参加するように誘われていない会話をそばで聞いています。ダイレクトアクセスには，明示的と暗黙的の2種類があります。明示的なダイレクトア

クセスでは，セラピストはブレンドされたパーツに名前を付けて，直接話す許可を求めます。例えば，「このパーツは何か重要なことを言いたいらしいのですが，まだあなたのために場所を作る準備ができていないようです。あなたが聞いている間，私がこのパーツに話しかけたらどうでしょう？」などと聞きます。ダイレクトアクセスすることで，そのパーツは自分の懸念について率直に話す機会が与えられます。私たちの経験では，ほとんどのクライアントがダイレクトアクセスを許可してくれますが，その後に私たちはクライアントについてパーツと三人称で話します。例えば，「ジェーンのために何をしていますか？ それをやめたら，ジェーンはどうなると心配しているのですか？」と聞いたりします。

　暗黙のダイレクトアクセスはこれとは異なります。ここではセラピストは，ブレンドされた防衛パーツをパーツとして名指しせず，それがクライアントに何をしてくれるのかも聞かずに，単に話をします。例えば，「あなたは今，本当に怒りを感じているようですね。それについてもっと話していただけませんか？」と言います。これは伝統的なトークセラピーに似ていますが，セラピストは自分がパーツと話をしていることを知っているという点で異なります。暗黙のダイレクトアクセスは，あるパーツがパーツの言語を拒否したり，自分がパーツであるという考えに異議を唱えたりしている場合によい方法です。IFIO では， 特にパートナーが作用と反作用のループに巻き込まれ，自律神経系が活性化している場合，防衛パーツの気持ちを確認し，助けを提供するために，暗黙のダイレクトアクセスを頻繁に，そして素早く使用することにしています。防衛パーツの気持ちを確認することで，防衛パーツが落ち着くのを助け，その結果, 他の内部システムも落ち着くのを助けるのです。

　防衛パーツと権力闘争をすると，彼らは一歩も譲らなくなることを，私たちはいくら強調してもしきれません。極端な防衛パーツのブレンド解除を望むなら，彼らと仲良くなり， 好奇心を持ち続けてください。「このパーツはもっと言いたいことがあるのか」とか，「このパーツは今，あなたや私から何を求めているのか」といった視点を持ちます。さらに, 防衛パーツは恐怖によって動機づけられているので，セラピストが彼らの恐怖を聞き，それに対処する合理的な方法を持っていることを彼らにわかってもらう必要があります。例えば，「あなたの心配はわかっています。それは理にかなっています。もっとゆっくりお話を伺いましょうか」などと言いま

す。パーツと仲良くなる方法については，『内的家族システム・スキル・トレーニングマニュアル』〔アンダーソン，スウィージー，& シュワルツ，岩崎学術出版社，2021，原書 "Internal Family Systems Skills Training Manual : Trauma-Informed Treatment for Anxiety, Depression, PTSD & Substance Abuse"（Anderson, Sweezy, & Schwartz, 2017）〕を参照してください。

負荷を降ろす ● ● ●

　パートナーが防衛パーツから確実にブレンド解除することができ，Self がより表れてきたら，過去のトラウマを目撃し，追放者が負荷を降ろすのを促します。追放者は，自虐的な信念や，容赦なく極端な感情を持っています。過去に，内的システムが誰かに批判されるのは，自分の中に恥ずべき資質があるためだ，と信じたときに自罰的な信念が生じることがあります。あるいは，「何かが間違っている」「私は弱い」「怖すぎる」「私は価値がない」「私は愛されない」「私は悪い」といった容赦なく極端な信念を持つこともあります。追放されたパーツは，しばしばさまざまな負荷を背負っていますが，それは彼らや彼らの防衛パーツが安全で Self とうまくつながっていると感じられる場合にのみ解放されます。この条件が満たされ，追放されたパーツが重荷を手放せば，防衛パーツは今までの仕事を手放して別のことができるようになります。

　IFIO のカップルセラピーでは，特定の種類の負荷の軽減，すなわち関係性の負荷の軽減を促進します。カップルが防衛パーツから解き放たれ，互いの感情的なものを受け止めるようになると，交互に幼少期のトラウマ的な出来事を再訪することができるようになります。幼少期の関係性のトラウマを深く掘り下げることで，両パートナーの追放者が感情を修正する体験を共有し，カップルに深いつながりと再生の感覚を与えます。

転移と逆転移 ● ● ●

　転移と逆転移は，セラピーの中でいつでも現れる可能性があります。パーツの観点から，これらの現象は，セラピストまたはクライアントのいずれかのパーツが，

現在の瞬間に対応するにあたって，あたかも現在が過去であるかのように反応するときに発生します。このような現象が起こるのは，彼らが防衛する追放者が，過去に心身に刻み付けてしまった体験から抜け出せないでいるからです。このように身動きが取れなくなった追放者を助けることで，クライアントの Self は防衛パーツの歪んだ見方を修正するのです（Schwartz & Sweezy, 2019）。私たちの考えでは，クライアントとセラピストは並行的なプロセスにあるため，逆転移においては，転移とまったく同じように防衛パーツと追放者に注意を払うよう求めています。

逆転移に関するヒント

自分自身の歴史を知り，日常的に自分をチェックしましょう。

- 私は片方のパートナーだけに味方しているのでしょうか？
- 私はどちらにも親しみを感じているのでしょうか？
- あるパートナーが私を怖がらせたり，威嚇したりしますか？ もしそうなら，それに対して私は何をし，何を言いますか？
- セッションで感情が高ぶったり，相手のパーツが私に反応したりしたとき，私はリラックスした状態でいられますか？
- 彼らの防衛パーツは，どちらの難易度が高いのでしょうか？
- 私のシステムは，これに応じて上方調整または下方調整をしているでしょうか？
- 私の直感的な反応は何でしょうか？ 私の最初の衝動は何でしょうか？
- 私の防衛パーツたちは，このカップルについてなんと言っているでしょうか？私の追放者はなんと言っているでしょうか？
- 家族の中での自分の役割は何だったのでしょうか。例えば，怒っている父から兄弟を守ろうとしたといった役割を担っていたでしょうか。クライアントと接するとき，この役割がデフォルトになっていることはないでしょうか？もしそうなら，そのようなとき，このパーツは私に何をしようとしているのでしょうか？

関係神経生物学 ●●●

神経生物学の研究によると，自律神経系は自ら形を変えていくことが可能であり（Porges, 2007），早期の人間関係のトラウマが原因でケンカや断絶を繰り返すパターンに陥ったカップルも変わることができるということです。IFIO では，カップルが強迫的に感じる行動の根底には神経生物学があり，神経生物学は可塑的であり，新しい行動を実践することで変化することをわかりやすい言葉で説明しています。

神経生物学のセクションでは，関連概念をレビューし，IFIO の文脈でそれらを採用するためのアイデアを提供します。私たちの考えでは，これらの概念は，いくつかの方法でカップルの癒しと成長に役に立ちます。

1. 自己批判とパートナー批判を減少させ，安全につながり続ける能力に脳と自律神経系が与える影響について，カップルの知識を高めます。
2. 自律神経系を調節し，心身の苦痛を和らげることを学びながら，パートナーが自分自身とお互いに対して存在し続けることを支援します。
3. 自律神経系を調整するため，私たちが「協働調整」と呼んでいるチームアプローチが，人生のどの段階においても，安全でつながりを感じるための強力な道であることを説明します。

概　　要●●●●

　IFIO のカップルセラピーは，パートナーがパーツという発想を持つことで得られる多くの利点を体験することを目的としています。第一にセラピーでは，問題のある防衛的行動を説明し，正当化し，合理化し，批判し，人のせいにすることに時間を費やすパーツの決まりきった議論を回避することができます。第二に，パーツ単位で考え，自分の欠点や不完全さを，堅牢で生命力のある大きな全体のほんの一部とみなすことで，クライアントは，「私には価値がない」などという，偏狭で硬直した考え方に挑戦することができるのです。第三に，消防士の動機に好奇心を感じることができたとき，クライアントは本当の問題，つまり脆弱性と感情的な痛みの根底にあるものを発見し，消防士に感謝するという，新しい経験をすることができるようになるのです。第四に，自分が過去に保護を必要としていたことを認め，その保護をしてくれた消防士パーツに親切にすることで，パートナーは次第に消防士に対する影響力を獲得していきます。これは実は，管理者パーツが一番望んでいたことです。最後に，防衛パーツがブレンド解除することで，パートナーは二人の関係において，心を開く勇気を得ることができます。

用語解説 ● ● ●

　他の心理療法と同様，IFS と IFIO は，特定の言葉やフレーズに独自の意味を持たせています。ここでは，このマニュアルで使用している言葉の用語集を紹介します。

- **8 つの C**：Self を特徴づける資質。好奇心，落ち着き，自信，勇気，つながり，創造性，明晰，思いやり。

- **ブレンドする**：あるパーツが他のパーツ，または意識の座である Self とブレンドすること。ブレンドは連続体となっていて，人があるパーツに共感したり，そのパーツがいることを感じたりすることができるというレベルから，あるパーツの言うことをその通りだと感じる状態になり，さらには，完全にそのパーツの目を通して世界を見るという極端な行動に出ることもあります。つまり，「これはパーツではなくて私の意見なのです」という状態になります。

- **負荷を負う**：あるパーツが負荷を背負っていること。パーツが固執しているつらい信念，パーツが動けなくなったと感じる極端な感情状態，物語性なく繰り返し起こる苦しい身体感覚は，過去のトラウマを象徴したり，再現したりしています。

- **負荷**：「私は愛されない」「私は無価値だ」といった，持続的かつ否定的な自分についての信念。恐怖，恥ずかしさ，怒りなど，トラウマに関連した激しい感情状態を繰り返し，恐怖や痛みを伴う身体感覚を繰り返すこと。

- **ダイレクトアクセス**：IFS がパーツとコミュニケーションするために使用する 2 つの主要な方法のうちの 1 つ。防衛パーツがブレンド解除しようとしないとき，セラピストはクライアントのパーツに直接話しかけることができ，それゆえこれはダイレクトアクセスと言われます。ダイレクトアクセスでは，セラピストがあるパーツに明示的に話しかけることがあります。例えば，「このパーツと直接話してもいいですか？　なぜピートにお酒を飲んでほしいと思うので

すか？」などと聞きます。あるいは，セラピストが，あるパーツに話しかけていることを明言せず，暗黙的にダイレクトアクセスを使うことがあります。子供に対しては，通常ダイレクトアクセスを使います（Krause, 2013）。また，IFIO カップルセラピーでもよく使われます。

- **やり直し（ドゥーオーバー）**：追放されたパーツが過去に囚われているため，クライアントの Self をその時間と場所に連れ戻し，そのパーツが当時誰かにやってもらう必要があったことをするように Self に指示を出します。それが完了すると，Self はそのパーツを過去から現在に連れ戻すことができます。

- **インサイト（洞察）**：パーツと Self の内的コミュニケーションの一形態であり，一つのアプローチです。成人が自分のパーツとコミュニケーションし，理解するためによく使う方法です。内的コミュニケーションには，クライアントが自分のパーツを視覚的，運動学的，聴覚的に認識し，それらと直接コミュニケーションするのに十分な Self エネルギーを持っていることが必要です。防衛パーツが内的コミュニケーションをブロックしている場合，代わりにダイレクトアクセスを使用します。

- **パーツ**：独立して機能し，あらゆる種類の感情，思考，信念，感覚を持つ内的実体，またはサブパーソナリティ。パーツは，理解され，評価されていると感じると Self エネルギーを表現するようになります。また，さまざまな外見，年齢，性別，才能，興味を持ちます。彼らは，内的システムの中でさまざまな役割を担っています。他のパーツから脆弱性を理由に追放されたり，追放されたパーツをどう管理するかで互いに対立したりします。こうしたことがなければ，彼らは私たちのウェルビーイングにさまざまな形で貢献することができるのです。IFS では，内的システムにおける役割に応じて，パーツを 3 つに大別しています。傷ついたパーツである追放者は，強い恥を持っており，他のパーツに大きな影響を及ぼします。追放者の周りには，2 つの異なるカテゴリーの防衛パーツがいます。ある一連の防衛パーツは先回り型で，追放者の脆弱性とさらなる傷つきを回避することを目的としています。私たちは彼らを管理者と呼んでいます。別の防衛パーツは反応的です。彼らは，管理者たちの最善の努

力にもかかわらず，感情的な痛みが表面化されたときに，それを紛らわせたり抑えたりする仕事を引き受けます。私たちは彼らを消防士と呼んでいます。

1. **追放者**：感情，信念，感覚，行動などに現れるこれらのパーツは，幼少期に辱められたり，否定されたり，虐待されたり，無視されたりして，その後，彼らが抱える感情的苦痛で内的システムを圧倒しないよう，安全を確保するために，防衛パーツによって追放されました。防衛パーツが追放者を意識から遠ざけるために，大量の内的エネルギーが費やされています。

2. **管理者（先回り型の防衛パーツ）**：管理者は，学習，機能，準備と安定に重点を置いています。彼らは追放者が感情的な痛みで内的システムを溢れさせないように警戒しています。私たちを課題志向にし，苦痛を感じさせないようにするために，彼らはプラグマティズム，思考，批判，恥をかかせるなどの典型的な戦術を持っています。

3. **消防士（反応的防衛パーツ）**：消防士もまた，感情的な苦痛を回避することを目的としています。しかし，彼らは緊急対応チームであり，管理者の抑圧的で抑制的な努力にもかかわらず，追放者の記憶と感情が意識に浸透してしまうと発動します。反応的防衛パーツは，アルコールや薬物の乱用，暴飲暴食，過度の買い物，乱交，自傷，自殺，さらには殺人など，管理者が忌み嫌う極端な手段を用います。彼らは，感情的な苦痛から目をそらすという使命に激しく忠実で，他人が彼らをコントロールしようとすると反発します。

- **二極化**：防衛パーツは，感情的な苦痛をどのように管理するかについて日常的に意見の相違を持っており，敵対的な関係に陥ることがあります。時間が経つにつれて，彼らの対立はますます極端になっていき，エネルギーを消耗します。しかし，各パーツの善意と貢献を認めると，概して新しいことに挑戦しようという気になるものです。そして，その「追放」が「癒し」となっていくのを目の当たりにすると，その「癒し」が「創造」へとつながっていきます。Self との良好な関係を築くことで，防衛的な仕事を手放し，好ましい役割を選択することができるようになります。

- **Self**：意識の座。私たち一人ひとりに生来備わっている存在で，好奇心に満ち，

偏見を持たず，変容させる資質によって，内外のシステムにバランスと調和をもたらします。思いやり，創造性，勇気，冷静さ，つながり，明瞭さ，コンパッション，存在感，忍耐力を持ちます。持続性，展望，そして遊び心があります。パーツが「Self」とブレンドし，圧倒されて見えなくなることはあっても，「Self」が傷つくことは無く，パーツが分離したり，ブレンド解除するとすぐに利用できるようになります。

- **Self エネルギー**：Self がパーツとの関係にもたらす忍耐，好奇心，粘り強さ，遊び心，愛情，思いやりの資質。

- **Self 主導**：これは，人が内的なパーツや，外的な他人の話を聞き，理解し，共に存在する能力を持ち，整理された視点と明確さを提供するときに起こります。責任感，慈愛の心を持つことを進んで行います。

- **負荷を下ろした追放者の招き**：負荷を下ろした後，そのパーツは，負荷によって占められていた空間を埋めるために，自ら選んだ任意の質を招き入れることができます。

- **負荷を降ろすプロセス**：全体として，負荷を降ろすプロセスには，Self が追放者を目撃すること，Self が過去に行き，トラウマ的な状況にある追放者をどのような形であれ助けることが含まれます。Self が追放者を過去から連れ戻し，追放者が負荷を降ろし，追放者が新しい質を招き入れます。そして最後に，Self が防衛パーツに，彼らが負荷を降ろして役割を変える準備ができているかどうかを確認します。

- **ブレンドされていない （パーツから分化またはブレンド解除している）**：この「共にいる」経験において，Self は存在し，共感的にパーツに寄り添い，一緒に感じ，そのパーツを理解し，コンパッションを持って接することができます。つまり，彼らのことを大切に思うのです。各パーツがブレンドされておらず，Self から分離したままであり，意識を支配しようと競い合っていないとき，私たちは Self にアクセスすることができるのです。このブレンド解除された状

態は，しばしば内的な広さの感覚に通じます。

- **負荷を降ろす**：重荷を負ったパーツが，激しく辛い身体感覚，極度の感情，自分に厳しい信念などの負荷を手放す瞬間。この瞬間はしばしば儀式的で，次のようなことが行われます。シャーマニズムの伝統のように，光，地，空気，水，火という元素に向かって負荷を解放します。しかし，自然に負荷が降りていくこともあります（Geib, 2016）。

- **目撃（ウィットネス）**：クライアントの Self が，Self から理解され，受け入れられ，愛され受容されていると感じるまで，Self に自分の体験を伝えるプロセス。

３つのフェーズによる治療

このセクションでは，IFIO の介入の３つの段階を説明，図解し，カップルがセッションや家庭で使用するためのエクササイズを紹介します。フェーズ１では，私たちはカップルを知り，モデルを紹介し，ゴールを決め，希望を与えます。介入の大きな部分を占めるフェーズ２では，各パートナーの防衛パーツに優しくしっかりと挑戦し，二人の葛藤の循環的な性質を追跡し，防衛パーツにブレンド解除を促し，選択肢を増やし，反応性を減らして新しいことを試せるようにします。

フェーズ２では，パートナーに恥についての関係的な視点を与え，さまざまなＵターン探索を行うよう指導します。介入の最初に特定の断絶について助けを求められた場合は，裏切りへの対処法を紹介し，そうでない場合は，介入が進むにつれて裏切りについて対処していきます。ブレンド解除をマスターし，セッションの大部分で，感情的に安定し，好奇心を保てるようになったら，勇気あるコミュニケーション，つまり，攻撃したり崩壊したりせずに話したり聴いたりする方法を紹介します。最後に，タイミングが合えば，パートナーの一人に個人でワークをしてもらい，もう一人は証人として参加します。

このフェーズ２は，同じように強力な２つの力によって支配されています。(1)カップルの根底にある，再びつながることを求める力は，関わり続ける動機となり，(2)カップルの感情の渦は，流れが滞っているところに飛び込むように導いてくれます（Herbine-Blank et al., 2016）。トラッキング，ブレンド解除，Ｕターン，勇気あるコミュニケーション，個人での探索など，紹介するさまざまな戦略を通して，私たちはカップルに一歩下がってもらい，内容よりもプロセスを観察し，満たされないニーズがあることで，防衛パーツがいかに刺激されるかを発見してもらうのです。このプロセスは直線的ではありません。最も傷つきやすいメンバーを排除し，さまざまな防衛戦略を導入することで，心の傷に対処することに長けたコミュニテ

ィとワークしていくことを前提として，準備を進めます。このモデルに基づいて，私たちは，防衛パーツがセラピーの開始時に絶望と挫折を感じるだろうと予測します。

　そうはいっても，カップルがその時々にどのような行動をとるかはわかりません。パーツの社会的配置は予測可能ですが，人はそれぞれ驚きに満ちており，すべてのカップルはユニークです。その結果，セラピストはいつでも慎重に対応する必要があります。私たちの仕事は，オープンで創造的であることです。セラピーが行き詰まり，非生産的だと感じたら，まず私たち自身をチェックします。もし逆転移の感情に気づいたら，そのパーツを助けるのです。どのようなセラピーでも，私たちにとって難しいことなのです。もし，幼少期に両親がケンカしたことが原因で，私たちのあるパーツが怒りに対して恐怖を覚えるようになっているのであれば，私たちは自分のパーツを助ける必要があります。対立を追跡し，防衛パーツが融合しないように助け，パートナーがUターンするのを助け，勇気あるコミュニケーションを促進し，パートナーの追放者の救済に尽力するといったことを縦横無尽に進めながら，同時に，自分自身の内なるコミュニティの必要性を常に監視していきます。

　フェーズ3では，修復，許し，和解，そして未来へと進めていきます。この頃になると，カップルは自分のパーツ，パートナー，そして自分たちの関係について明確に理解するようになっており，お互いに反応し合うことが少なくなっています。親密さも深まり，二人の未来を思い描く時期でもあります。もしセラピストがまだ謝罪と許しについての会話を始めていないなら，今がそのときです。私たちは，謝罪と許しを阻むものを探り，本物の修復を促進し，二人の関係の健全さに責任を共有できるように，パートナーをサポートします。カップルがより安全で信頼できるようになれば，新しい考え方，感じ方，あり方に基づいた未来をデザインすることができるようになるのです。

IFIO・カップル・セラピーの３つのフェーズ

フェーズ１：学習

- カップルと会い，どの程度お互いに分化しているかの度合いを見極めます。
- 彼らが何を恐れているかを知ります。
- 相手の感情的なニーズ，希望，介入に対する意図を知ります
- いろいろな可能性を提案します

フェーズ２：問題の核心に迫る

- カップルがブレンド解除し，自律神経系が整えられるように手助けし，新しいコミュニケーションスキルを教えます。
- 彼らのパーツ探知機となる許可を得ます。
- 以下の点について，彼らがどのように戦い，どのように弱っているかを追跡します：
  ○ ニーズをどのように交渉していますか
  ○ お互いに恥をかかせていますか
  ○ 恥をどう受け止めていますか，防衛パーツは恥をどう受け止めていますか
- カップルに身につけてほしいと思う新しいコミュニケーション方法を説明します。
- 体験型のエクササイズで体を動かし，ワークを深めてもらいます。
- 関係性の負担軽減を促進し，強化します。
- 個人でのセッションを行います。
  ○ ブレンド解除
  ○ 無防備な羞恥心
  ○ パートナーに証人になってもらう
  ○ 新しいコミュニケーションスキルの実践
  ○ 関係性ニーズへの回帰
  ○ ニーズが満たされやすいスキルの実践

フェーズ３：終結

- カップルがお互いを「傷つける人」「癒す人」ではなく，「リソース」として見ることができるようにします。
- 修復と許しのプロセスに導くことで，裏切りを癒します。
- パートナーがともに進むことを決めた場合には，徐々にブレンドから解き放たれ，互いの違いを認め，ビジョンを共有することに基づいた関係を構築できるよう，サポートとガイドを提供します。

フェーズ1　学習 ●●●

アセスメント：IFIO は協調的で非病理主義的

　　心理療法におけるアセスメントは，病理を診断することを中心に構成されること
が多いですが，IFIO では，IFS と同様に，クライアントを診断によって分類する
ことはしません。私たちは，人間の心は，パーツからなる内部システムと，損傷を
受けていない Self とから構成されていると考えています。この内的システムは，
人間のあらゆるレベルのシステムと同様に，脆弱性を保護するために自らを組織化
し，優れた創造性を発揮しています。しかし，最終的にパーツは単独で危険な世界
を乗り切るためのリソースを持っておらず，Self を必要としており，私たちはそれ
を紹介することを目的としています。

　　私たちは，興味と好奇心をもってセラピーを始め，カップルのパーツに会って挨
拶をし，それぞれのパートナーのシステムの信念と優先順位を知り，彼らが一緒に
作り上げたシステムに目を向けるのです。多くの場合，カップルの防衛パーツはお
互いを非難し，断絶を糧（かて）とする苦痛に満ちた自己陶酔的な「私」の状態から抜け出
せないでいるはずです。私たちが早い段階でゴールは，彼らが「私たち」の状態を
取り戻すのを助けることと伝えます。両者の心が通い合った後，私たちの役割と
IFIO セラピストのスタンスについて，いくつかの重要な事実をお伝えしています。

1. 私たちは，彼らのパーツを恐れているわけではありません。
2. 私たちは，パートナー双方の安全を第一に考えています。
3. 私たちは，意見の相違があっても，どちらかの側に立つことはしません。
4. 私たちは，それぞれのパートナーの視点に対して，オープンで好奇心旺盛で
   す。
5. 私たちは，パートナーの経験の正当性と，彼らの防衛パーツを極端に駆り立
   てる脆弱性を認識し，敬意と好奇心を持って両者を受け止めます。

最初に質問する，聴く，観察する

　　カップルの状態を知るために，以下のような質問をします。

- なぜここにいるのですか？

- お互いに違うということをどう感じていますか？
- 人間関係に望むことは何ですか？
- セラピーで実現したいことは何ですか？
- あなたが最も恐れていることは何ですか？

　これらを聴きながら，私たちは，彼らが互いにどの程度分化しているかを測り，彼らのパーツが内的にどの程度分化しているかに気づき，彼らのパーツの役割と関係を内外で評価し，彼らの自律神経の調整不全の基本レベルを推定し，それぞれが言うことを正確に追跡して反映し，彼らの物語を心にとめ，彼らが安心できるようにし，そして彼らの感情を大小含めて検証する機会を持つのです。

　また，これまでの経歴についても質問します。彼らは何か問題を抱えたことがあるのでしょうか。(1) 精神疾患，(2) 薬物やアルコールの乱用，(3) 育った家庭，(4) 子どもと子育て，(5) セクシュアリティ，(6) 裏切り，(7) 文化の違い，(8) 大きな文脈での偏見や偏向，(9) 過去のセラピー，または (10) 謝ることや許すこと，などに問題がありましたか？　この質問は，数セッションに及ぶこともありますが，セラピーの展開に関連する情報を与えてくれます。

IFIO モデルの紹介

　IFIO では，カップルのニーズに応じて，IFIO について説明してから導入することもできますし，体験的に飛び込み，どのように機能するかを示すことからはじめることもできます。IFIO のコンセプトを紹介するかにかかわらず，導入には以下のメッセージを含みます。

- すべての人間は，パーツと傷ついていない Self を持っています。
- 一つの感情や体験が，その時々の自分のすべてを表しているわけではありません。パーツとは，より大きな全体の側面なのです。
- あるパーツは傷つきにくいように防衛する役割を担い，あるパーツは傷つきやすく，またあるパーツは傷ついても影響を受けていないように見えます。
- IFIO は協力的です。私たちとあなたの契約は，あなたの希望と願望によりますし，それは介入中に変化することもあります。
- 皆さんは自由に向き合い，質問し，意見をぶつけ，自分を表現し続けることが

できるのです。私たちのモットーは，「あなたのすべてのパーツを歓迎します」
です。パーツは，この招待を信頼するために時間が必要かもしれません。

• まずは，つらい人間関係のもつれに巻き込まれるパーツを理解することから始
めます。

初回セッションの様子

　アヴィとハンナは，30代後半の異性愛者でヨーロッパ系アメリカ人のカップルです。
結婚はしていませんが，付き合って8年，ニューヨークには3年住んでいました。多
くの価値観を共有していることに加え，二人とも成功したビジュアルアーティストで
もありました。

　二人の関係は，ハンナがアヴィに「結婚して子どもを持つ準備ができた」と言うま
でとても情熱的なものでした。アヴィは，生涯の誓いを立てることに自信がないと答
えました。結婚についての会話はますます激しく，痛みを伴うようになったので，二
人は袋小路にいることに気づき，セラピーを受けることにしました。

セラピスト：ようこそ。現状について簡単にお話しを聴きましたが，今日はまず，
　　　　　　　お二人からもっとお話を伺いたいと思います。何が起きているのか，
　　　　　　　セラピーに何を望んでいるのか，そして私がどのように手助けできる
　　　　　　　のか，知りたいのです。

誘う，聴く，観察する

アヴィ：明らかに僕に問題がありました。（ハンナを見て）あなたが結婚したいのは知
　　　　　っている。私たちはいつもそう言ってきたし，赤ちゃんのことについても話
　　　　　していた。でも今は自信がない。
セラピスト：あなたは8年間一緒に過ごしてきました。二人の関係がどこに向かっ
　　　　　　　ているのか，ある程度決まっていたようですが，今，アヴィは，確信
　　　　　　　が持てないようですね。
アヴィ：（うなずく）要するに，そういうことです。
セラピスト：あなたが問題だと思っているパーツがあると聞きました。

パーツ言語の導入

アヴィ：まあ，ハンナはそう思っていますよ。
ハンナ：はい，実はそうなんです。彼自体に問題があるわけではないのですが，突然
　　　　　何かが起きてしまったんです。同じ考え方になったかと思うと，次の瞬間に
　　　　　は，結婚を怖がります。私は理解できないし，動揺しているし，怒っているし，

恐れています。

　　セラピスト：恐怖について，もっと話してくれますか？

脆弱性について触れるように誘う

ハンナ：私は 35 歳です。赤ちゃんを産むなら，昨日から始めないとね。アヴィを愛し
　　　　ていますし，私たちは素晴らしい人生を送っています。私たちの関係が終わ
　　　　ってしまったら，ショックです。

　　セラピスト：あなたの言うことはもっともです。あなたの話からすると，アヴィの
　　　　　　　　変化は突然で，混乱させられるし，怖いのですね？

ハンナ：はい。話すだけで気分が悪くなります。

　　セラピスト：二人で話し合おうとするとどうなりますか？

ハンナ：どうなるの，アヴィ？

アヴィ：よくわからない。パニックになります。パニックになって，死に物狂いで走
　　　　りたい衝動に駆られます。

　　セラピスト：（ハンナを見て）あなたは？

ハンナ：すごくイライラします。彼が逃げてしまうのではないかと心配で，会話をし
　　　　て彼をつなぎとめようとしています。でも，私もパニックになるのです。

　　セラピスト：わかります。お二人とも，パニックになるパーツがありますね。でも，
　　　　　　　　パニックの対処の仕方は全く違いますね。そうでしょう？

ハンナ：それはそうですね。

　　セラピスト：（両者に向けて）ではちょっと時間を取りましょう。パニックは何を伝
　　　　　　　　えようとしているのでしょうか？

内面への問いかけと傾聴へ優しく誘う

アヴィ：（しばらくして）追い詰められた感じです。

ハンナ：その逆です。私は一人です。

　　セラピスト：これはとても大変なことですね。二人が今，どんな助けを必要として
　　　　　　　　いるのか，そしてなぜ助けを必要としているのかがよくわかります。

意味があることを認める

ハンナ：私は今，いくつかの答えと決断が必要なところにいます。

アヴィ：パニックになりそうだと言ったのを覚えていますか？　そう，ここです，私
　　　　の喉の奥です。

　　セラピスト：私に何かできることはありますか？

アヴィ：これは最終通告みたいなものですね。そうですね，助けてもらえるとありが
　　　　たいです。

　　セラピスト：2 回ほど深呼吸してください（一時停止）。次のアイデアは奇妙に思え

るかもしれませんが，自分の喉に気づき，その感覚に「こんにちは」と言ってみてください。自分に向かって何か言葉を発しているのが聞こえますか？

感覚になるのではなく，感覚に気づくことで，内なる分化を促進する

アヴィ：（少し待つ）いいえ，これは感覚です。

　セラピスト：感覚は何か重要なことが起きていることを知らせてくれます。私はあなたとハンナがこのすべてを解きほぐし，理解するのをお手伝いします。それには時間がかかるかもしれません。そうすれば，私たちが終わる前に，いろいろな感情を体験することになるでしょう。でも，まずはセラピーを受ける過程から話しましょう。私の推測では，今日，それほど正式な決断は下されないと思います。

介入のための支援とコンテインメントを提供する

アヴィ：はい，いいですね。決定事項がないのは，私にとって良いことです。

　セラピスト：ハンナ，何か言いたいことはありますか？

ハンナ：わあ！　私と結婚するって考えただけで，パニック発作が起きるの？　それは辛いわ。

アヴィ：ハンナ，君との結婚が嫌なのではないんだ。ただ，最終通告に怖気（おじけ）づくんだ。

　セラピスト：お二人に起きていることは大体わかりました。まだまだお話することがたくさんあると思いますが，セラピーのプロセスについて，役に立つと思われる情報がいくつかあります。そして，私のワークのやり方や，私についての一般的な質問のための時間を残しておきたいと思います。

アヴィ：あなたはこんなカップルを見たことありますか？

　セラピスト：はい，アヴィ。何度もね。

アヴィ：どうなるのでしょうか？

　セラピスト：人はそれぞれ違います。このセラピーは，お二人が自分自身について好奇心を持ち，お互いの話を聴き，今までとは違った話し方をすることで，何が起こっているのかをよりよく理解するための安全策を提供するものです。私の経験では，パニックにならずに難しい会話に耐えられるようになれば，お互いのことをもっとよく知ることができ，決断しなければならないことも楽になるはずです。

ハンナ：それはいいことだと思う。私はここで本当に暗中模索しています。

セラピスト：いくつか探索を終えるまで，意思決定は保留にしましょうか？

ハンナ：それは私にとって，課題ですね。

　セラピスト：今，それが課題だと言ったパーツに耳を傾けて，その理由を探ってみましょう。

ハンナ：パーツということは，私のすべてではないのですか？

　セラピスト：一緒にちょっとした実験をやってみて，それを見つけ出すことにオープンなら，さらに説明しますよ。

ハンナ：いいですね。

　セラピスト：その課題だという感覚にちょっとだけ留まってください。どこでそれに気づきますか？

ハンナ：頭の中でこんな言葉が聞こえてきます。「今すぐ知る必要がある。そうすれば対処できる」と。

　セラピスト：頭の中の声が，準備をするように，と言っているんですね？

ハンナ：はい。

　セラピスト：それからどうしますか，ハンナ？

ハンナ：そうすれば，リラックスするか，パニックになるか，どちらかです。

　セラピスト：そのパーツは未来を知りたがっている？

ハンナ：その通り！　もうどうにもならない感じです。

　セラピスト：わかりますよ。これから一緒にセッションを続けていけば，そこにたどり着けるでしょう。今すぐ，私がどのようにワークをし，何が可能だと考えているかをお伝えします。どうですか？　アヴィ，あなたは電話でIFSについて少し知っていて，それをハンナに知らせたと言いましたね。私は，この方法についてあなたにさらに説明するつもりはありません。しかし，その基本的な考え方は，理解する価値があると思います。このモデルでは，すべての人間の心には，多数のパーツ，つまり副人格があるとしています。それが普通なのです。私にもパーツがあります。だから，私たちは同時にいろいろなことを感じたり考えたりすることができるのです。ここまでが私の意見です。ここまでは，おわかりいただけましたか？（二人ともうなずく）カップルにとって良いことは，1つの考えや感情が決して自分のすべてではないということに気づくことです。自分のパーツを知ることで，自分自身と互いをよりよく理解できるようになります。例えば，お二人は防衛的な気持ちと同時に，とても傷つきやすい気持ちも持っているとおっしゃいましたね。私たちは，そのようなあなたのさまざまなパーツを見つけ，助けることができます。

ハンナ：それが何なのか，教えてください。

　セラピスト：そうですね，ハンナはイライラする，怒りに近いもの，と表現しましたね？　この考え方では，あなたにはイライラするパーツがあるのです。また，恐怖や不安を感じるという表現もありましたね。それは，あなたの中のまったく別のパーツだと言えるでしょう。もっと弱く感じるパーツです。

ハンナ：そうですね，違いがありますね。一方は強く，もう一方は弱い。

セラピスト：アヴィ，　あなたは怖くてたまらないと言いましたね。　そして，　逃げ出
　　　　　　　　したくなるんですね。これらはあなたのパーツです。
アヴィ：おっしゃることはよくわかります。　これは理解するのに時間がかかりそうで
　　　　すが，　ハンナの言いたいことはわかります。　あるパーツは弱く感じ，　あるパー
　　　　ツは強く感じる。
　　セラピスト：パーツの概念を理解するには，　時間がかかることがあります。　たいて
　　　　　　　　いの場合，　経験が必要です。　あるパーツは防衛的であると感じ，　別の
　　　　　　　　パーツは脆弱であると感じるといえます。　これらのパーツがあなたの
　　　　　　　　会話に巻き込まれると，　物事は熱を帯び，　あなたにとって落ち着いて
　　　　　　　　いることが難しくなります。　そうすると，　お互いに気持ちが高ぶって
　　　　　　　　しまいますよね？

> あるパーツが他のパーツの脆弱性を回避するために防衛的な役割を担っている
> ことを強調する

アヴィ：そして，本当に切り離されたように感じます。
ハンナ：そして，危険になる。
　　セラピスト：その通りです。切り離され，　安全でないと感じるのです。　今日はもう
　　　　　　　　あまり時間がありません。　家に帰って，　これまで話したことをよく考
　　　　　　　　えてみてください。もし私と一緒にこの方法で探求すると決めたなら，
　　　　　　　　お二人の歴史，　家族，　そしてセラピーに対する希望について，　継続的
　　　　　　　　にもっと情報を集めたいと思います。　その間，　お二人には，　今がどん
　　　　　　　　なに辛い時期か，　私が十分に理解していると思っておいてください。
　　　　　　　　そして，　お二人が助けを必要としていることはよくわかっています。

　　これは，　IFIO の最初のセッションがどのように行われるかの一例です。　すべてのカ
ップルは異なりますし，　セラピストもまたそれぞれ違います。　あなたが大切にしてい
るアセスメントツールを使いながら，　オープンで，　好奇心を持ち，　カップルとつなが
りながら，　IFIO のコンセプトを紹介するあなた自身の方法を見つけることをお勧めし
ます。

フェーズ 2　核心に迫る ●●●

カップルの葛藤の順番を追う

　　　　20 世紀後半の家族療法士であるサルバドール・マイヌチン（Salvador Mi-
nuchin）は，　家族の否定的な相互作用を探求する手段として，　トラッキングとい

う戦略を開発しました（Minuchin & Fishman, 1981）。同様に，IFIOのセラピスト
は，カップルの予測可能で反復的な否定的相互作用を評価するためにトラッキング
を用います。カップルはしばしば，どちらかがケンカを「始めた」と感じ，そちら
が「悪い」と思っていますが，私たちはトラッキングという手法を使って，プロセ
スに光を当て，意見の相違の内容から焦点を外します。ケンカしているカップルの
防衛パーツは，今回何が起こったのか，誰が悪いのかを議論したいのですが，本当
の問題は，彼らが衝突するたびに何が起こるのか，なぜ彼らの防衛パーツは内容に
関係なくこれを続けるのか，ということなのです。苦痛に満ちた相互作用の根底に
ある感情や欲求に注意を向けるために，私たちはカップルの外的な対人関係のダ
イナミクスを解明するだけでなく，防衛パーツの動機づけとなる内的な対人関係の
ダイナミクスも解明しています。セラピーの間，防衛パーツが活性化し続ける限り，
その相互作用を追跡していきます。

トラッキング

- Selfとパーツを区別します。
- パートナーは，防衛パーツの反応性が，予測可能な一連の否定的な相互作用であ
  るということに気づくことができます。
- 防衛的な行動をさらに駆り立てる，脆弱なパーツの感情やニーズを明らかにしま
  す。
- パートナーに新しいことに挑戦してもらうことで，異なる結果を体験してもらい
  ます。

　反応の順番を効果的に追跡するために，私たちは次のようなロードマップにこだ
わっています。まず，カップルのやりとりを注意深く聴き，「パートナーに何をし
ているか，何を言っているか」といった，それぞれのパートナーの行動を詳細に聴
き取ります。カップルのケンカの内容も重要ですが，あくまでカップルのやりとり
を追うことにこだわるのです。次に，防衛する側にその動機をインタビューします。
例えば，「このパーツは，あなたの代わりにそんなに怒ってくれなかったら，あな
たに何が起こるだろうと恐れていますか？」「このパーツは何を望んでいますか？」
といったことを聴き出すことで，パーツの希望，恐れ，ニーズを理解します。私た
ちは，人々がどのように感じているか，何が防衛パーツを動かしているかを伝える

のではなく，Self 探求のプロセスが起きるように促します。

　私たちのモットーは，「説教するのではなく，よく聴くこと」です。それらを探ることで，ケンカのサイクルを体験的に具体化し，ケンカの予測可能性や反復性を認識させるのです。また，相手の話を聴いて振り返り，自律神経系の活性レベルにも気を配ります。その結果，自律神経系の活性度のレベルが高ければ介入します。

　最後に，私たちは「可能性の招待状」を発行します。つまり，パートナーに対して，反応的でないこと，そしてお互いにどのように反応するかについて，より多くの選択肢を持つことを想像するよう呼びかけます。
  - 「相手の反応に関係なく，自分が中心で，自分の欲しいもの，必要なものを話すことができたらどうでしょうか？」
  - 「もし，あなたがあまり反応せず，友好的で，これらの重要な会話でどう反応するかの選択肢がもっとあると感じたらどうでしょうか？」
  - 「二人がより反応しにくく，より力を感じ，より希望に満ちた交流をするために何か一緒にできることがあれば，知りたいですか？」
  - 「もし私が，あなた方一人ひとりが，コミュニケーションでつまずいたときにどう対応するか，もっといろいろな選択できるように手助けできるとしたら，興味はありませんか？」

　双方のやりとりを追跡しながら，カップルの内面に耳を傾け，そのパーツから学ぶことができるように，4つのUターンの質問を提示します。これらの質問は，本書で紹介する数多くのUターンの質問の一部です。パートナーが答えやすくするために，それぞれの質問について説明します（ここで提供される説明は，IFIOトレーナーのケイト・リングレン　Kate Lingren によって開発されました）。

  1. 「パートナーが X をするとき，あなたの中では何が起こっているのでしょうか？」
  - 解説：「あなたの反応性はあなたの脆弱性から来るものです。もし，それぞれが傷つきにくく，反応しにくくなるのを助けることができれば，それぞれ一人で，さらには二人一緒に，より多くの選択肢を持つことになるのです。私は，

パートナーに注目するのではなく，あなた方一人ひとりが自分の内面に目を向け，自分の弱さ，そして自分のパーツがどのように安全であろうとするかに注目する手助けをします。特にセラピーの始めにこれを行います」

2.「身体の中で何に気づいていますか？」
- 解説：「パートナーが X をしたときに身体に何が起こっているか気づいてください。それは，助けが必要な反応パーツを見つけるのに役立ちます」

3.「最初の衝動は何ですか？」
- 解説：「あなたには，最初の衝動に気づいてもらいたいのです。なぜなら，防衛パーツは，脅威を感知すると，逃げたり，戦ったり，凍りついたりすることで反応するからです。これらの方法で反応するパーツに気づいたとき，パーツはあなたに気づきます。あなたに気づくということは，パーツがあなたから分化する，つまりブレンド解除するための最初のステップです。パーツがブレンド解除されるとすぐに，よりゆとりを感じ，素早く反応しなくてはならないというプレッシャーを感じなくなり，相手を助けることができるようになります。また，他の人が経験していることにもっと興味を持つようになるでしょう」

4.「自分のこと，パートナーのこと，二人の関係性のことについて，自分が何を言っているのか聞いてみましょう」
- 解説：「自分のことや他の人のことを自分がどう言っているのか，聞いてみてください。なぜなら，防衛パーツが，物語を語ることで安全を確保しようとするからです。パーツは良かれと思って言っているのですが，その物語はたいてい過去の経験によって決定づけられており，私たちの現在の見方をひどく歪めてしまうことがあります。私たちの目的は，物語を語るパーツと仲良くなって，パーツが安全でないと感じるという根本的な問題を解決し，パーツがそんなに頑張らなくてもいいようにします」

　これらの質問は，激しい感情を持つ防衛パーツがブレンド解除するように助けるものです。その結果，パートナーは自律神経系を調整し，攻撃したり崩れ落ちたりすることなく真実を話すことができるようになります。

対立のパターンをトラッキングする

　ジェーンとドーランは，50代半ばのアフリカ系アメリカ人のシスジェンダー（訳注：生まれたときの身体的特徴が，現在の性自認と一致していると認識していること）でレズビアンのカップルです。二人は付き合って18年，結婚して10年になります。ジェーンには，前のパートナーとの間に10代の息子がいて，パートタイムの仕事をしながら一緒に暮らしていました。しかし，二人の間に子どもはいません。二人とも医療従事者として働いていました。

　次のジェーンとドーランの対話は，カップルの葛藤の順序を追跡する方法を示しています。

ジェーン：（笑いながら）たぶん今日中に治せると思います。
ドーラン：彼女は冗談を言っているのでしょうが，私を治す必要があると思っているようです。私が本当に望むのはあなたともっと一緒にいることです。
ジェーン：どういうこと？　私はあなたと多くの時間を過ごしてる。でも，忘れないでほしいのは，私がほとんどのお金を稼いでいて，私たちは借金で首が回らなくなっていること。
　セラピスト：（ジェーンへ）ドーランが「もっと一緒にいたい」と言ったとき，あなたの中で何が起こりましたか？

　　　ジェーンのドーランへの反応に好奇心を誘うＵターン質問をする

ジェーン：身構えてしまったようです。
　セラピスト：「私の中の一人のパーツが身構えてしまった」と言い直します，いいですか？

　　　　　　パーツ言語へのこだわり

ジェーン：どんな違いがあるのですか？
　セラピスト：大きな違いがあると思いますが，試してみて，私の考えが正しいかどうか教えてください。

　　　　　説明するより体験してもらうようにする

ジェーン：そうですね。身構えてしまったパーツがあります。
　セラピスト：身体の中で何に気づきましたか？

　　　　　　対象パーツのアンカリング

ジェーン：胸が締め付けられます。怒りに気づきました。

　セラピスト：自分に向かって何と言っていますか？

ジェーン：私は彼女のためにうまくやったことがないんだ。

　セラピスト：決してうまくいかないと感じることは，辛く苦しいことだと想像します。

ジェーン：そうですね。

　セラピスト：怒りと防衛本能を感じているようですね。他に何か感じることはありますか？

ジェーン：（少し待って）私は傷ついたと感じています。

　セラピスト：いくつかのパーツの声を聴いているようです。これが正しいかどうか確認させてください。怒っている，防衛している，傷ついている，そして，「うまくいかない」というパーツがあるようですね。

ジェーン：はい，そうです。

　セラピスト：このすべてがあなたの中で起きているとき，あなたはドーランに何をし，何を言ったのでしょうか？

ジェーン：とにかくそこから出たいのです。

　セラピスト：そして去っていくのでしょうか？

ジェーン：気がつくと，職場に長くいたり，帰宅後も書斎に上がってコンピューターに向かったりしています。

　セラピスト：ひきこもるような感じですね。

ジェーン：そうですね。

　セラピスト：（ドーランに）あなたはジェーンの中のひきこもるパーツに気づいていますか？

ドーラン：はい，確かにそうですね。

　セラピスト：ジェーンのパーツが彼女を連れ去ったとき，あなたの中では何が起こっていますか？

好奇心を誘うUターン質問をする

ドーラン：認めたくはないのですが，怒ったり，大きな声を出したりすることがあります。

ジェーン：（少し待って）彼女は批判的になります。

　セラピスト：（ジェーンに）これから数分間，ドーランの話を聴きますので，待っていてください。実は，お二人とも，相手が話している間は，話すのを控えていただくようお願いします。今は，それに同意していただけますか？

安全性に関する契約

ジェーン：ええ，ええ。難しいですね。

　セラピスト：二人が置かれている状況を考えると，それがどれほど難しいことかわかります。難しいことをやってくれてありがとうございます。

バウンダリーを維持したまま防衛反応を検証する

　セラピスト：（ドーランに）うるさくするパーツがいるんですね？

パーツ言語へのこだわり

ドーラン：そうですね，認めたくはないですが，大きな声でいろいろ要求しています。

　セラピスト：大声で要求するとき，身体には何が起こりますか？　何を言っているのが聞こえますか？

Uターンの質問をする

ドーラン：正直言って，自分でも不思議に思うことがあるんです。私はどうしたのだろう？　なぜジェーンは私を避けるのだろう？

　セラピスト：今，そのパーツを意識していますか？

ドーラン：はい，お腹に硬い感じがあります。気分が悪いです。

　セラピスト：ちょっとそのままで，もっと調べてみましょう。

ドーラン：こんな気持ちは嫌です。

　セラピスト：なるほど，これはとても理にかなっていますね，ドーラン。ジェーンと同じように，あなたには，このようなやりとりの中でわかるように，2つの活発なパーツを持っているようですね。あるパーツは大声で要求し，別のパーツはこう言います。「ジェーンが私を避けるのは，私のどこがいけないのだろう？」，これで合っていますか？

もっともなことだと理解を示す，ミラーリング，一致確認

ドーラン：そうですね，合っていますね。

セラピスト：あなたの中のこの2つのパーツは，互いに関係がありそうですね。お腹の硬い感じが大きくなればなるほど，欲求不満のパーツが大きくなり，要求が多くなるのですね。では，二人に質問します。まずはドーラン，あなたからです。大声で要求してくるこのパーツを感じ取るためにお聞きします。もしそうならなかったら，どうなるでしょうか？

ドーラン：（少し待つ）私は彼女の注意を惹くことはできないでしょう。私たちはバラバラのままだし，私の欲求を満たすこともできない。

セラピスト：あなたの中のこのパーツがジェーンとつながろうとしてるのですね？

ドーラン：そうですね。そうでしょう。でも，実際にはうまくいきませんよね？

セラピスト：（ジェーンに）これを知っていましたか？

ジェーン：もちろんそんなことはわかりませんでした。ただ批判されているように感じるだけです。

セラピスト：ひきこもろうとするあなたのパーツはどうでしょう。今，それを意識していますか？

ジェーン：まだ感じられますが，今のドーランの言葉を聴いて警戒心が薄らいだ気がします。

セラピスト：そのパーツは何を心配しているのでしょう？もしあなたがひきこもらずにいられるようにしたら，どうでしょう？

ジェーン：（少し待つ）それでも批判され続けるだけでしょう。

セラピスト：それから？

ジェーン：私は誤解されていると感じ続けるでしょう。

セラピスト：それから？

ジェーン：もっと傷つきます。

セラピスト：傷ついたと感じるパーツは，むしろ評価されていると感じたいのでしょう。十分にやっているし成功していると。私にはそう聞こえるのですが。どうでしょうか？

ジェーン：その通りです

セラピスト：お二人から伺ったことを振り返ってみたいと思います。これは，ニーズに関連したジレンマのようですね。ジェーン，ドーランがあなたともっと一緒にいようとするとき，彼女の言うように，彼女のパーツがうるさく要求してくるとき，あなたには，自分がうまくやれなくて傷ついていると感じるパーツがあります。そうすると，自分を守るために引っ込んでしまうんですね。そしてジェーンがひきこもると，ドーランは気分が悪くなり，切り離されたと感じます。そして，自分を守るために，より大きな声で，より強く要求することで，注意を惹こうとするのです。そして，このようなことが繰り返されると，それぞれがより防衛的になり，つながりが薄くなっていくのです。このパター

ンが繰り返されていると思いませんか？

どのようなサイクルが起きているか，反応とそれへの反応のパターンを明確化する

ドーラン：確かにそのパターンですね。

ジェーン：（同意してうなずく）絶望的な気分です。本当に行き詰っています。

　セラピスト：このサイクルによって絶望を感じていることは理解しています。　できることなら，このパターンを断ち切りたいでしょう。そこで質問です。お二人が反応的だと感じたときに，どのように反応するか，もっと多くの選択肢を持てるように，私がお手伝いできるとしたら，それは良いことでしょうか？　そして，自分を守ってくれているパーツが何を望んでいるのかを理解できたら，それは良いことでしょうか？　さらに，もしあなたが，反応とそれへの反応のパターンをシフトするのを助けることができたら，興味はありますか？

可能性という招待状を発行する

ジェーン：私は興味があります。ドーランはどう？

ドーラン：確かに興味はありますね。いつも対立しているのは嫌です。

　私たちは，カップルがゆっくりと，彼らの意見の相違の内容ではなく，彼らのプロセスに焦点を当てるようにします。次のワークシート「対立の中にいる私は誰なのか？」では，カップルが自分の衝突のパターンを追跡するのに役立つように作られています。パートナーが防衛パーツから離れれば離れるほど，そして防衛パーツがどのように問題に寄与しているかを見れば見るほど，こうしたすべての防衛と自分自身の弱さとの関係を理解することができるのです。

クライアントワークシート
対立の中にいる私は誰なのか？：トラッキング・ワークシートの手順

　トラッキングはUターンの舞台を整え，争いに関与する防衛パーツを明らかにします。防衛パーツがどのように議論に関与しているかを熟知することで，すぐに，不快なケンカのパターンを断ち切るプロセスを開始することができます。

1. あなたのパートナーが，あなたの防衛パーツを挑発するような言動をするのを見ていて，何か気づきましたか？

　　身体の中で何が起こっていますか？

　　_____

　　_____

　　自分自身にどんな言葉をかけていましたか？

　　_____

　　_____

　　何か感じるものがありましたか？もしあれば，それはどのようなものですか？

　　_____

　　_____

　　最初の衝動は何だったでしょうか？

　　_____

　　_____

2. その人との関係で何をし，何を言ったでしょうか。

　_____

　_____

3. どのような反応が返ってきたでしょうか。

　_____

　_____

4. そのときの反応はどうだったでしょうか？

　_____

　_____

5. 一歩下がって，この反応と，反応への反応のサイクルを見ることを自分に許した
とき，あなたは何に気づきましたか？

_____

_____

6. あなたは学んだこととは：

防衛パーツの仕事，役割は？

_____

_____

防衛パーツの願いは何でしょうか？

_____

_____

この仕事は何年続けているのですか？

_____

_____

このように対応しないとどのようなことが起きると恐れていますか？

_____

_____

誰を守っていますか？

_____

_____

7. このとき，防衛パーツは，あなたと関係を持とうとする誘いにどのように応答し
たのでしょうか？

_____

_____

勇気あるコミュニケーション：会話を変えれば，関係が変わる

　カップルは，よく話し，よく聴くことを学び，利益を得ることができます。脳科学は，共感的なコミュニケーションが脳を再配線し（Siegel, 2007），パターン化された行動の変化をサポートすることを教えてくれます。共感的コミュニケーションとは，相手の感情に圧倒されることなく，「共に感じる」ことを意味します。共感するとき，私たちは相手と一緒に感じていますが，相手と自分を混同しているわけではありません。「あなたに起こっていることを想像し，感情に共鳴することができます。私はあなたではないけれども，時々このような感情を抱くことがあります」。相手を思いやる気持ちは，相手を気遣い，心配する気持ちです。私たちは，カップルがお互いに共感し，思いやりを感じられるようになってほしいと願っています。IFIO では，パートナーが内面と外面で，自他の区別を保つことで，安全に共感し，お互いを思いやることができるように支援します。相手のことがわかり，自分も理解されていると感じることは，とても気持ちの良いことなので，つながりと思いやりのポジティブなサイクルを開始します。

　とはいえ，傷つき，怒りを感じている人が自分の行動の影響を説明するのを聴きながら，好奇心を持ち，心を開いていることは，意欲と勇気が必要です。よく話し，よく聴くということは，どちらも生理的な調整を必要としますが，多くのカップルはこうしたことをつちかってきた経験がありません。ですから，それらを身につけていくには，スキルと忍耐力が求められます。一方，相手の影響について，攻撃したり，崩れ落ちたり，パニックになったりすることなく，正直に話すことも勇気がいることです。良いコミュニケーションを持つには，誰もが自分の意見を聴き，理解されたと感じるまで，パートナー同士が会話に参加することが必要です。しかし，防衛パーツが相違に脅威を感じると，理想とは程遠い行動をとってしまうことがあります。

　例えば，防衛パーツは，以下の理由で聴くことを拒否するかもしれません。

- 相手の視点に染まってしまうことを恐れる
- 聴くことは同意のシグナルだと信じている
- 公平に扱われず，反論する機会もないと思っている

恐れを感じる防衛パーツは，以下のことをしばしば行います。

- 認識された問題に対する解決策を見つけるために迅速に行動しようとする
- 同意しないことで会話を封じようとする
- 聴くことは同意を意味すると考えているため，聴くことをやめ，反論することに集中する。

IFIO では，パートナーが自分のパーツに同調し，ブレンド解除し，パートナーに同調する帯域を持ち，言葉でも言葉以外でも，親密さを深めることができるように支援します。傾聴は力強く，心を落ち着かせる行動です。それは，お返しに同じ扱いを受けることをも可能にします。皮肉なことに，話を聴いてもらいたいと願うパーツは，話を聴くことと無力であることを結びつけるパーツによって防衛されている傾向があり，それゆえ話を聴くことを拒否するのです。彼らは，影響を受けること，コントロールされること，恥をかくこと，あるいは，話を聴いてもらう機会がないことを恐れているのです。したがって，繰り返される対立のパターンには，それぞれのパートナーが，注意深く話を聴かないという継続的な内的経験を持ち，それが巧みに話をしないというパターンと結びついているのです。

ケンカしているカップルがお互いを非難し，傷つけ合っていても，「私の声が聞こえている？　一緒にいて安全？　私のニーズを満たしてくれる？」と思っています。しかし，二人は自分の中でこれを聞くことができません。なぜなら，防衛パーツは外側を見るのに忙しく，「あなたは信用できない！」と唱えているからです。「あなたは信頼できない！　あなたは安全じゃない！　あなたはニーズを満たしてくれない！」このような本質的な質問をするためにはまず，防衛パーツが落ち着くように手助けをします。防衛パーツの希望や不安について尋ねることから始めます。そして，その声にじっくりと耳を傾けます。警戒心の強い防衛パーツは変化を恐れ，怒りっぽい防衛パーツは正しい怒りのエネルギーとパワーを好みます。そういうパーツがいないかどうか，積極的にチェックし，じっくりと話を聴きます。彼らが話を聴いてもらえたと感じたら，私たちは彼らが守っているパーツを助けることができるのです。

防衛的な極端さは，安定型の愛着と安全を損います。しかしこれは防衛パーツの

見方ではないことを心にとどめておいてください。防衛パーツは精神という領域にいます。ここでは時間を行ったり来たりすることが可能です。そして，現在よりも危険な過去にいる時間の方が長いのかもしれません。防衛パーツにとって，現在の恐怖や恥などの否定的な感情は，単に過去のストーリーラインを強化するものです。例えば，「私は攻撃されている！」といった感覚です。それに反応して，防ぐためにいつもの相互作用を再現してしまうのです。このように，防衛パーツは，私たちの前に座っているパートナーの中で，過去を生き生きと活動し続けているのです。防衛パーツの緊急性と善意を尊重しながらも，立ち止まるのを助けます。特に，Uターンによって，安全で，尊敬に値する，勇気のあるコミュニケーションができるようにします。防衛パーツが身を引くことで，カップルは安全に意見を交換し，難しい話も生産的にできるという自信を得ることができ，その結果，人間関係の中で生き，存在するということについて，よりオープンな視点を見出すことができるようになります。

勇気あるコミュニケーションの目指すところ

- ブレンド解除と協働調整を推進します。
- カップルが内容からプロセスへ安全に移行できるようにします。
- 防衛システムに，別のコミュニケーションによる方が安心をもたらされると信頼してもらいます。
- 脆弱なパーツを見てもらい，聴いてもらいます。

　ブレンド解除後，各パートナーは内なる探究から戻り，Self の状態にとどまって耳を傾け，自分のパーツを代弁する練習をします。もしパートナーが非常に反応的で，内面的によく分化していない場合，このプロセスは時間がかかることがあります。しかし時間が経つにつれて，Self を理解し，心を開いて聴き，混じりけのない言葉を発するという練習全体が，相手の経験に対する好奇心を生み，別の視点を持つことに危険はないことを実感できるようになっていきます。相手との違いが自分の生存を脅かすと考える防衛パーツがいなくなれば，対話は自然で快適なものになります。

　IFIO の勇気あるコミュニケーションは，イマーゴ・ダイアログの技法（Hendrix,

1988）を採用しています。これは，安全感を促進し，問題を抱えた対人関係の力学の下で幼少期の傷を明らかにするために考案されました。しかし，IFIO バージョンの勇気あるコミュニケーションは，各人のパーツと Self との関係をつちかうことによって，イマーゴによるプロセスに内的な次元を追加しています。健全な内なる分化と愛着によって，パートナーは互いに分化することが安全であると感じ，安全な対人愛着を生み出す行動を実践することができるようになるのです。勇気あるコミュニケーションには，耳を傾けることと，責任をもって Self を開示すること，そして聴くことと話すことの両方が必要です。もし，内的システムが戦ったり，逃げたり，凍りついたりしていたら，誰も現在に存在し，注意深くなることはできません。私たちは，まず，聴き手の役割を担う人に，次のようなことを求めます。（1）相手の体験に反応せずに耳を傾ける，（2）返事をする前に待つ，（3）反対したり自分を攻撃するのではなく，相手の言っていることが真実であると考えるのです。防衛パーツと自律神経系がリラックスできるように，傾聴する相手には恐怖を表現する時間を十分にとります。また，必要なときにはいつでも中断し，助けを求めるように促します。

勇気あるコミュニケーション：パート 1

スキルを駆使して聴く

- 他人があなたの与える影響について語るとき，本当に聴く，つまりあなたの Self から聴くことは，挑戦であり，勇気がいることです。その際，私たちは以下の点を明確にしています。つまり，聴き手は，相手のフィードバックが客観的な真実ではないことを意識しておくことが必要で，相手の話を聴くことは，相手や自分自身，そして二人の関係について何かを学ぶ機会であるという視点を持つことです。

- 聴きながら深く呼吸をすることが効果的です。聴き手が反応したり，動揺したり，怒ったり，傷つきやすいと感じたら，プロセスを遅らせたり，助けを求めることを選択してもよいでしょう。

- クライアントに，パートナーの反応的な行動の下には，ニーズを持った，より脆弱なパーツが横たわっていることを思い出させることも有効です。聴き手のパーツは，Self から耳を傾けるために，リラックスすることを望んでいますか？　また，機能していますか？

- 聴き手パーツは，何を聴いているのでしょうか？　このフィードバックが役に立つと想像できるでしょうか？　何が真実で何が真実でないか，自問することができるでしょうか？

　次に，話し手をサポートするために，防衛パーツに恐怖心について話してもらいます。防衛パーツはしばしば，対立を避けたり，崩れ落ちたり，操作したり，いじめたりすることで欲求を満たそうとするので，欲求について直接話すということは難しいかもしれません。コミュニケーションの誘いに乗ると，権力を手放すことになると感じ，これに抵抗する防衛パーツもいます。脅かされ，なじられた防衛パーツは，話し手の自律神経系の興奮を高め，逃げたり，黙ったり，反撃したりしたいという衝動を持つように仕向けます（Cozolino, 2008）。この状態になると，話し手は考えたり，話したりすることができなくなります。ですから，勇気あるコミュニケーションを進める前に，防衛パーツがブレンド解除しなければならないのです。

勇気あるコミュニケーション：パート 2

スキルを駆使して話す

- 活性化したパーツに対して，私たちが Self に留まって話すためには，私たちは今に存在し，自分のパーツを理解するために時間をかけなければなりません。
- これは，話し手のパーツが他者とどのような経験をしたかについて話す機会でもあります。基本的には，相手と関わっているときに自分の中で起こっていることについて話すのです。話し手は，相手を評価したり批判したりするわけではありません。また，相手が改善したり，Self についての認識を深めたり，より良い人間になったりするのを助けようとするのでもありません。
- 話し手は，話す前に目標を考えておく必要があります。パーツに応じた話し方を採用することにより，巧みに話すことができ，結果に影響を与えることができます。
- 話し手は，始める前にパートナーが聴くことができる状態かどうか確認しておくとよいでしょう。
- 話し手は，客観的な現実ではなく，自分の経験について話しているのだということを忘れないでください。
- 話す前に，自分の内的システムが傷つきやすい感情やニーズを探る準備ができているかどうか，内面をチェックする必要があります。システムの準備が整っていれば，ニーズや恐れについて話すことができます。そうでない場合，セラピストは，話し手がどんな心配事が出てきたのかを探る手助けをすることができます。

怒っている防衛パーツを和らげるには，感謝や承認が必要です。特に，私たちが注意深く話を聴き，恐れを認め，その役割を評価すると，脅威を受けたと感じている防衛パーツは，より積極的にブレンド解除に取り組みます。また，現在行っている安全確保のための戦略に対して，継続的な支援を提案することも有効です。基本的に，パーツには，パーツ自身とパーツが守っているシステムの長期的な大義のために，現在の立場を犠牲にするよう求めており，パーツはその結果に確信を持つ必要があるのです。

怒っている防衛パーツのブレンド解除を支援する

1. 怒りを認めます。目を合わせ，思いやりをもって，その場にいるようにします。防衛パーツに直接話しかけます。
　　「これがあなたの経験だとすると……」
2. 根底にある欲求を認め，共感します。怒りの下にある追放者を見ます。
　　「あなたの話を聴いてほしいという気持ちはよくわかりますが……」
3. その行動に挑戦し，成り行きを告げます
　　「このようなコミュニケーションでは，望んでいるものは得られないでしょう。パートナーは話を聴いていない可能性が高いし，望むような反応をすることができないでしょう」
4. あなたからの手助けなど，代替案を提示します
　　「気持ちや要求を伝える手伝いをさせてくれませんか？」

勇気あるコミュニケーション導入のためのロードマップ

ステップ1：耳を傾け，サイクルを追跡し，困難な問題について別の方法で話し合うようカップルを誘います。例えば，「私に手伝わせてくれませんか？」といった質問をします。

ステップ2：相手のパーツ探知機になる契約をします。例えば，「私はあなたを助けるためにここにいるので，パーツに圧倒され始めたら，やりとりを減速させたり，停止させたりします」といった提案をします。

ステップ3：カップルに，どちらが先に話し，どちらが先に聴くかについて交渉してもらいます。

ステップ4：聴き手が準備するのを助けるために，聴きたくないと思っているパーツに気づきます。聴き手が呼吸を整え，自分のハートに気づくように促します。聴き手がブレンド解除し，感情的にも聞ける状態になるように手助けし

ます。

ステップ5：話し手が自分のパーツのブレンドを解除し，よき話し手になるように コーチします。各パートナーが自分のパーツと関係を保つように励まします。 例えば，「身体の中で何に気づきましたか？」といった質問をします。 また，内 容にとらわれたり， 解決策を見つける手助けをしたりしないようにします。 話 し手がブレンド解除して自分のパーツを代弁するのを助けている間， 聴き手に は待ってもらう必要があるかもしれません。 そのときは聴き手に，「このパーツ は， ブレンド解除して代弁させたらどうなると心配しているのですか？」 とい った質問をします。 双方のパーツの経験や感情を認めます。 防衛パーツにしっ かりと親切に向き合います。

ステップ6：適切であれば，話し手が傷つきやすい感情や子ども時代の傷につい て話すように促します。 例えば，「この感情はなじみがありますか？」「子ども の頃を思い出させるようなことが起きていませんか」といった質問をします。

ステップ7：聴き手が共感して心から返事をするのを助けます。どのパーツも宙 ぶらりんのままにしてはいけません。 聴き手への質問やリクエストには， 以下 のようなものがあります。

- 「今聴いたことのエッセンスを反映できますか？」
- 「この情報のどれかに意味があるのでしょうか？ どんなふうに？」
- 「あなたの心は何と言っているのでしょうか？」

　聴き手が話し手に共感しない場合， あなたが共感を示します。 共感を示すコ メントの例としては， 以下のようなものがあります。「私が聴いて大事に思った ことは……」 や 「私が良く分かったことは……」 などがあります。 クライアン トの自己開示に， 理解， ミラーリング， 承認で応えることが重要です。 そうで なければ， 深い恥の反応が続くでしょうし， おそらく防衛的な適応反応を起こ すようになるでしょう （Siegel, 2003）。

ステップ8：話し手が， 聴き手やあなたから共感的な反応を受け取ったら， 聴 き手に内側に注目するよう求めます。

ステップ9：話し手に確認します。パーツは反応を受け取りましたか？ それは 影響を与えましたか？ 発言したパーツは理解されたと感じますか？ もっと 言うべきことがありますか？ 話し手は， もうこれ以上付け加えることはない と感じるかもしれないし，何か言いたいことが出てくるかもしれません。

ステップ10：時間があれば，聴き手と話し手の役割を交代してもらいます。交 代するとき， 必要に応じて， 聴き手と話し手のそれぞれの仕事について， カッ プルに思い出させてください。 両方のパートナーの準備ができたら， 先ほど聴 いていた人に， 自分のパーツについて話してもらう。

勇気あるコミュニケーションを用いた 難しい会話の場のセッティング

　マークとマテオは，ヨーロッパ系アメリカ人のシスジェンダーで，子どものいないゲイカップルでした。二人は 15 年交際していますが，その当初，安全にセックスし，感情的・身体的な親密さが二人の間で減るわけでなければ，その二人以外でも性行為を行ってもよいという取り決めをしていました。この取り決めは，12 年間のパートナーシップと 3 年間の結婚生活を通して維持されてきました。マテオは最近，がんを患いましたが，完全に回復しました。マークは治療と回復の間，ずっと協力的であり，そばについていました。今，彼らはコミュニケーションを改善し，セックスについての難しい会話をうまく行いたいと願って，セラピーを求めていました。彼らのサイクルは，反応する防衛パーツが燃え上がり，話を聴いてもらうために戦うことから始まる傾向がありました。マークは追求する防衛パーツを持っていたのに対し，マテオは，ひきこもることで反応していました。会話に脅威を感じると，二人とも，一時停止し，再調整し，完了するのに十分な時間を取って神経系を調整することができませんでした。

　以下の対話では，セラピストは 4 つの U ターンの質問を使って，勇気ある会話のための話し合いの場をセットしています。一般に，U ターンの質問は，パートナーが自分のパーツの感情，ニーズ，欲求に気づくよう方向付けるもので，これによって彼らのパーツが混じり合わないようにすることができます。私たちは，この 4 つの U ターンの質問を，カップルが困難になりそうだと判断した会話の始めに行います。

セラピスト：お二人は性的な関係について話したり聴いたりする手助けを求めていますね。状況が変わってきているようですが，それについて話すのは難しかったようですね。

マテオ：はい。

マーク：はい。

セラピスト：これから始まる会話に不安を感じているパーツを整理し，理解するための短い実験をしてみましょう。まず，話す前に，お二人に内面を聴いてもらうことから始めましょう。内面を聴きながら，性的な関係について話し始めることについて考えるとき，どのようなパーツに気がつきますか？

最初の U ターンの質問

マーク：不安な気持ちです。

セラピスト：身体の中でどのようにそれに気づきますか？

自律神経の活性化とブレンドのチェック

マーク：お腹が張っています。

　セラピスト：マテオは？

マテオ：胃が重いです。でも，不安よりも恐怖を感じることの方が多いです。

　セラピスト：二人とも，今，この感情，このパーツについて互いに話すことができますか？

マテオ：（マークに向かって）正直に言うと，どういうことになるのか本当に怖い。僕は変わっていく。がんが私を変えてしまった。いろんなことが変わってしまって，何が起こるかわからない。こう言っている間にも，恐怖が大きくなっているのを感じます。

　セラピスト：マテオ，落ち着いて，恐怖に気づいてください。身体のどこに恐怖心があるのでしょう？

マテオ：本当にあちこちに。消えてしまいたい衝動に駆られます。

　セラピスト：もっと話してもらえますか？

マテオ：置いていかれる気がします。拒絶されることへの恐怖でしょうか。

　セラピスト：その意味がわかりますか？

マテオ：そうですね。

　セラピスト：素晴らしい。そのパーツに，あなたが理解していることを伝えてください。そのパーツがあなたの存在を感じ，システムを支配しないようにするためには，何が必要ですか？

マテオ：（数回呼吸した後）実は大丈夫なのです。私たちはこの会話が必要でした。怖いけど，マークを信じていますし，乗り越えられると信じています。

マーク：これは助かりますね。飛び込んで失敗するよりも，スローダウンする方が良い。今までは，飛び込んでしまっては，トラブルに巻き込まれていましたからね。

　セラピスト：（マークへ）あなたの不安は？

マーク：お互いに求めるものが違ってきそうな気がします。

　セラピスト：それから？

マーク：そうしたら関係が悪くなる。

　セラピスト：それから？

マーク：最終的には，一緒にいられなくなる。

　セラピスト：なるほど。

マーク：それが嫌なのです。

　セラピスト：私が聴いたところでは，お二人とも，断絶を不安に思うパーツがあるようですね。マテオは拒絶されることを恐れ，マークは関係が終わることを恐れています。私の理解は合っていますか？

マテオ：その通りです。

　セラピスト：セックスについて話すのが難しいのは，これらの懸念があるためでしょうか？

マーク：今，話してみて，そうだったと納得できます。

　　セラピスト：お二人に2つ目の質問をします。 あなた方はこの件について， お互いに十分に話を聴いたり， 話したりしていませんね。 そのために何か犠牲にしてきたものはありますか？ もう一度， 内側に耳を傾ける時間をとってください。 準備ができたら， 気づいたところを話してください。

第2のUターンの質問

マーク：心の中で聞こえてくるのは，「自分は暗闇の中にいる。 何が起きているのかわからない」 ということ。 マテオに何が起こっているのか聴くのを避けています。 何かをあきらめなければならなくなり， 怒りを感じるのではないかと心配で， ただ何も言わないようにしています。

　　セラピスト：怒りを感じるとしたら， 何が一番嫌なことでしょう？

マーク：怒るとうまくいかないんですよ。

　　セラピスト：感じたことを表現しないことの代償は？

マーク：いろいろなことが積み重なって， イライラしてしまうのです。

　　セラピスト：ありがとうございます。 （マテオに向かって） どんな感情に気づきましたか？

マテオ：怒っているパーツではなく， 向き合いたくない他の感情があるということです。

　　セラピスト：それに直面しないことの代償は？

マテオ：ただ， 目の前のことをこなしていくだけなのですが， 気持ちは溜まっていくのです。

　　セラピスト：自分の気持ちを話さないことは， パートナーにどんな影響を与えますか？ お二人の関係には， どんな影響を与えるのでしょうか？

第3のUターン質問

マーク：距離ができる。

マテオ：距離ができて，相手を避け， 表面的な会話になる。

マーク：そうですね。

　　セラピスト：断絶？

マーク：はい，断絶しました。

　　セラピスト：この会話は何を意味しているのでしょうか？

第4のUターン質問

マテオ：そうですね， 話を聴いてほしいし， 理解してほしい。 そして最終的には， マークが無事であること，関係が無事であることを望んでいます。

マーク：マテオを理解したいし，このままの関係でいたいのです。

　セラピスト：その恐怖は私にも理解できます。

マーク：今，自分が聴いたのは，何が起こっているのかわからないということです。それを知ることは，おそらく有益なことでしょう。だから，私の目標の１つは，動揺せずに耳を傾けることです。

マテオ：ここはちゃんと説明しないといけない，それははっきりしています。僕は，自分を表現することにあまり慣れていないのです。母と祖母というとても強い女性に育てられましたが，彼女たちは危険を感じると口をつぐんでしまうのです。それがルールでした。

　セラピスト：わかりました。まず，お二人とも，もうしばらく時間をとって，内面をチェックしてみてください。呼吸や，身体的な体験の変化，戦ったり，ひきこもろうとする衝動に気づいてください。

自律神経系の活性化とブレンドしているレベルの確認

マテオ：前よりリラックスした気分です。恐怖心が薄れています。脅えていたパーツが，私にスペースを与えてくれているのでしょう。

ブレンド解除の経験を言語化する

マーク：何を聞かれるかわからないから不安なのは変わりません。でも，もうそれほどでもない。

　セラピスト：身体はどうですか？　お腹は？

マーク：もっとリラックスしてきました。

　セラピスト：マテオ，消えてしまいたいという衝動はどうですか？

マテオ：だいぶ，今ここにいられるようになっています。

　セラピスト：素晴らしい。ここから話したり聴いたりするのはどうでしょう？

マーク：だいぶいい。でも，自分たちだけだと，どうやってここに辿り着けばいいのか，さっぱりわからないです。

　セラピスト：もちろん，今は難しいでしょう。だからこそ，ゆっくり始めて，ブレンド解除の練習をしながら進めていくのです。各パーツがリラックスして，何が起こっているのかを代弁し，お互いに反応するのではなく，受け止めることができるようにします。試してみましょうか？（両者同意する）

　クライアントがこうしたＵターンの質問に答えることができるようになると，緊張して心配しているパーツが進んでブレンド解除をしてくれるようになります。ここまでくると，カップルはマークとマテオのように，勇気ある会話をすることができるようになります。

セラピスト：マーク，　あなたはマテオのために何が起こっているのか聴くことができると言いましたね。今もそうですか？

マーク：はい。

セラピスト：（マテオに）マテオ，　私の助けを借りて会話を始める準備はできましたか？

マテオ：あなたの助けを借りる？　それはいいですね。自分がリラックスしているのを感じます。

セラピスト：（マークに向かって）もう一度内面をスキャンして，　聴くことに不安を感じているパーツがいたら教えてください。

マーク：先ほども言いましたが，　マテオは私がやりたくないこと，　つまり私がまだ準備ができていないことをやるように要求してくるのではないかと恐れているところがあります。

セラピスト：このパーツは，　やりたくないことをやらなければならないのではと心配しているのですね。

マーク：はい。

セラピスト：今日と，　おそらく次の数回のセッションで，　要求やニーズの交渉を議題から外して，　ただお互いの話を本当に聴くことに集中するのはどうでしょう？

マテオ：それは，　自分たちにとって難しいことです。私たちは，　問題の核心に早く到達して，　何をすべきかを考えたいのです。

セラピスト：その　「早く解決したい」　と望んでいるパーツは何を期待しているのですか？

さらにUターンの質問

マテオ：（沈黙の後）望むことは，　すぐに機能する戦略を手に入れることです，　そうすれば……，

マーク：（話を遮る）そうすれば，　少なくとも僕ら二人は何かを得て，　ケンカをすることはない。

マテオ：でも結局，　さっきの話に戻ってしまう。どこにも行き着かないか，　とにかく戦うか。

セラピスト：その通り！　では，　何か別のことをやってみるのはどうでしょう？
マーク，　内面をチェックしてください。マテオが話す前に，　本当に誠実に聴けるかどうか確認してください。

マーク：（数秒間目を閉じてから開ける）よし，　マテオ，　聞こうじゃないか！　本当に興味があるし。

マテオ：（微笑みながら）そうだね。

セラピスト：マテオ，　話す前に忘れないでほしいのですが，　あなたは自分のパーツのために話しているのです。今，　マークにわかってほしいと思ってい

ることを話します。もし，二人のどちらかがパーツに乗っ取られたり，感情が溢れたりしていると感じたら，すべてをスローダウンして，ブレンド解除を手助けします。どうでしょうか？

「パーツ探知機」となることを約束する

マテオ：うん。

マーク：素晴らしい。

　セラピスト：話す気になりましたか，マテオ？

マテオ：診断を受けてから，そしてその後に，セックスにまつわる何かが変わりました。性欲が以前とは違います。自分が何者なのか，考え直すようになりました。私はとても幸運でした。がんと診断された人が皆，私のように生き延び，人生を歩んでいくわけではありません。

マーク：（うなずく）わかっているよ。

マテオ：（苦笑）これはとても気まずいですね。特に第三者の前では。

　セラピスト：もちろんです。続けてもらえますか？

マテオ：この変化が私たちの関係に大きな影響を与えないか，とても心配です。

マーク：（割り込んで）いったいどんな大きな影響があるというの？

　セラピスト：マーク，今何が起きたのでしょう？

マーク：わあ！なるほど。これは，マテオが何かできないことを要求してくるのではないかと恐れているパーツだったようです。

　セラピスト：安心させてあげられますか？今，あなたはただ聴いているだけです。

マーク：よし，落ち着いてきました。ごめんね，マテオ。

マテオ：何も要求しようなんて思っていません。まだ，自分を理解するのがやっとで，ましてやマークに何かを求めることはできません。私は怖い。ただ怖いんだ！

　セラピスト：この恐怖についてもっと話してくれますか？

マテオ：中でごちゃごちゃしています。よくわからないのです。

　セラピスト：ごちゃごちゃした感じをもう少し詳しく知りたいので，ちょっとだけお付き合いいただけますか？

マテオ：（目を閉じて身を乗り出す）私の頭の中では，この会話は生と死と優先順位の変化についてのことだと思っていました。確かにそうかもしれません。でも，今意識しているのは，自分が傷ついた品物のように感じていることです。

マーク：ああ，神様。（ソファ越しにマテオの手をつかむ）そんな風に思っているなんて，私もつらいよ！

マテオ：（涙を流す）健康で強くてセクシーで魅力的だと，また感じられるようになるだろうか。

　セラピスト：今話しているパーツを知っていますか，マテオ？

マテオ：そうですね。

　セラピスト：マークに向けて話し続けても大丈夫だと感じますか？

マテオ：（マークを見て微笑みながら）彼は近くにいます。彼のために話し続けることができると思います。

マーク：ちゃんと聴きますよ。こんなことは全く知りませんでした。本当に心から聴いているよ。

協働調整

　私たちの仕事は、パートナーの自己調整とカップルの協働調整をサポートすることです。このセッションで、セラピストはまず、マークとマテオがブレンドを解除し、耳を傾け、別の方法で話すのを助けるために、4つのUターンの質問を使いました。二人がスピードを落とし、内面に耳を傾け、自分たちのパーツが最も脅威と感じるものについてお互いに耳を傾けたとき、警戒心の強い防衛パーツがブレンド解除しました。しかし、聴くことは防衛パーツにとっては怖いことなので、マークとマテオの防衛パーツは、時々、会話に飛び込んできます。セラピストはそれを見越して、傾聴しているほうのマークに、「本物のイエス」、つまり、内側にある他のパーツから何の警戒心もない「イエス」を得られているかどうかを尋ねていました。この問いかけは、聴き手に反論がないか注意深くスキャンするのに役立ちます。時間をかけて聴き手の関係するパーツとつながることで、聴き手はリラックスできます。マテオとマークは、調整不全にならずに話すことを体験するにつれて、自身が望んでいたように、正直で素直になりました。

セラピストのための参考資料
結婚を控えたカップルを支援するために

　この資料は，Uターンの質問を詳しく説明したもので，セラピストがどのように
パートナーのブレンドを解き，自分のパーツのために話し，Selfから聴くことを助
けることができるか，を示しています。これらの質問は，自分を責めたり，パート
ナーを傷つけることなく，どんな種類の難しい会話も可能になる方法をカップルに
教えることができます。もし，ある特定の会話が事前に不安を引き起こすのであれ
ば，その会話をすることについて話すことから始めてください。

最初の質問

- 内面を確認する：「この難しい会話をしようと思ったとき，何が出てきますか？」「ど
のパーツが活性化しますか？」「彼らの懸念は何ですか？」
- 「自分のパーツから話す（例えば，自分の怒りを調べることに不安を感じます）ので
はなく，自分のパーツのために話します（自分がなぜそんなに怒るのかを調べること
を不安に感じるパーツがあります）」

2回目の質問

- 内面のチェック：「発言しないこと，この会話がうまくいかないことの代償は何でし
ょうか？　もう一度，自分のパーツを代弁してください」

3回目の質問

- 内面のチェック：「あなたのパーツは相手にどのような影響を与えますか？　自分の
パーツが与える影響を考えながらパーツのために話してください」

4回目の質問

- 内面を確認します：「この会話は何を意味しているのでしょうか？　自分にとって，
相手にとって，そして二人の関係にとって，どのような結果を望んでいるのでしょう
か？　相手の意図を代弁してください」

勇気あるコミュニケーションの道具箱：
クライアントのためのヒント

- 防衛パーツとのブレンド解除することが，コミュニケーションを成功させる鍵です。ブレンド解除のために，Uターンの実験をしてみてください。この反応性のうち，どれだけが自分の問題なのでしょうか？ どれだけがパートナーの問題なのでしょうか？
- よく話し，よく聴く練習をする日を作ります。
- 自分のパーツの弱さについてよく聴きます。
- 耳を傾けることができるように，防衛パーツをやわらげる実験をしてみてください。
- 自分の気持ちを伝える前に，相手の気持ちや経験を認めてあげてください。
- 非難する言葉を修正し，自分の気持ちやニーズを代弁する練習をします。
- もし，圧倒されそうになったら，一旦中断して，20分後にまた会話に戻ってきてください。
- 依頼をするときは，タイミングに注意しましょう。この話題を出すのにいいタイミングですか？
- 相手の体験に意味を見出す練習を，たとえ自分がそう思えなくてもやってみます。
- よりよいコミュニケーションのための小さな試みに，感謝やねぎらいの気持ちをもって報います。

勇気あるコミュニケーションで感情的なニーズに応える

　　人間は，親密な関係の中で，愛着を持ち，絆を深め，愛し，安心感を得たいという生物学的欲求を持っています。赤ちゃんは，安全なつながりのある相互作用によって成長することはご存じのとおりです（Siegel, 2003）。同様に，親密な関係は，感情的なニーズが満たされたときに成長します。しかし，クライアントが自分の感情的欲求を認め，要求しても，それに対して恥をかかされると，不適格感や怒りが生じる可能性が高くなります。IFIOセラピーの文脈では，これらの感情は，クライアントが何を必要としているのか，どのようにすれば明確な要求をすることができるのかについて混乱していることを示す鍵となります。

　　人々が自分のニーズを理解するのに苦労する理由はさまざまです。多くの人は，人生の早い段階でニーズを持つことについて恥をかかされています。IFIOのアプ

ローチは，自分自身の心のニーズをケアすることは，パートナーをケアするのと同じくらい重要であるとしています。この視点は，自分だけが頼りの絶海の孤島に人々を置くのではなく，自分を愛する力を育むことを意図しています。そして，相手の弱さを理解した上で，自由に愛を与え，受け取ることで，より深い相互性と確かな愛着を得ることができるのです。

　カップルが感情的なニーズについて勇気を持ってコミュニケーションするために，セラピストは次の6つのステップを踏みます。

1. クライアントの怒りの下にある，満たされていないニーズを聴き出し，名前をつけます。
2. パートナーが，戦う，逃げる，ひきこもるなど，自分の防衛のパターンを確認するのを助けます。
3. 有害な方法でニーズを満たそうとする，欲求不満の防衛パーツの努力をパートナーが認め，その防衛パーツとブレンドしないようにサポートします。
4. 各パートナーがUターンして，隠された意味や核となる感情的な欲求を探るのをサポートします。
5. カップルが感情的な必要を満たすことを要求するのではなく，要求できるように，Uターンを支援します。
6. それぞれのパートナーが，その瞬間に与えること，受け取ることを試すのを助けます。

勇気あるコミュニケーションをする

　次のケースは，Uターンによって潜在的な感情的ニーズがどのように明らかにされるかを示しています。ウルマとクーパーは，30代前半のヨーロッパ系アメリカ人の異性愛者のカップルで，コミュニケーションの手助けを求めてセラピーを受けに来ました。二人はお互いを愛していますが，防衛パーツがお互いを非難し，相手を変えようと思って怒るという，不安定で落胆するケンカを繰り返していました。ケンカの後，二人はお互いに離れて自分を整えようとしますが，前向きにつながり合うために会話に戻ることはほとんどありませんでした。彼らのセッションは，しばしば責任の所在を明らかにすることから始まりました。このセッションでは，クーパーが攻撃を開始しました。

クーパー：いったい何をやっているんだ，ウルマ！　不安になったときにメールしたりするのは，俺の気をひく方法じゃないって，何回言えばわかるんだ？　一日に何回だ？

ウルマ：私を困らせるつもり？　クーパー！　私をバカにしてるの？

クーパー：君ははっきりいってバカだね。もうお手上げさ。

　セラピスト：はい，ちょっと待って，戻りますよ。クーパー，あなたはイライラさせられていて，ウルマから何かを求められているようですね。それで合っていますか？

クーパー：そう，イライラする。そう，いつも何か求められる！　それを改めてもらいたい。おかしいかな。

　セラピスト：（ウルマに向かって）クーパーが，今，このように話してます。どうですか？

ウルマ：屈辱的ですね。

　セラピスト：その気持ちはわかります。このパーツについてクーパーと一緒に興味を持ってみていく間，少し待ってもらえますか？

ウルマ：お願い，何でもしてください。こんなふうに言われるのはごめんです。

　セラピスト：クーパー，ここで一旦停止して，フラストレーションに気づいてはどうでしょう。身体やその周りに，いらいらしたものがあるのでしょうか？

> クライアントに自分と自分の身体に気づいてもらうことで，Uターンを促す

クーパー：胸と腕に感じます。

> 身体内のパーツの位置確認

　セラピスト：最も激しいのはどこですか？

> クライアントに具体的に話してもらい，そのパーツを身体に定着させる

クーパー：胸です。

　セラピスト：この感覚に覚えはありますか？

クーパー：はい。

　セラピスト：何か情報があるのでしょうか？

クーパー：闘争と逃走反応ですね。

> 自律神経系の反応に名前を付ける

　セラピスト：あなたの最も強い衝動は何ですか？

クーパー：私は戦いたい。ウルマに聞かせたい！

　セラピスト：この衝動は，あなたの一つのパーツであって，あなたのすべてではな

いと認識できますか？

クーパー：はい。

　セラピスト：では，このパーツに挨拶してみましょう。そして，それに対してどのように感じているか気づいてください。

パーツと親しむ

クーパー：（ため息をついて内面に集中する）大丈夫だと感じます。この感じ，知っています。

　セラピスト：何を知っていますか？

クーパー：怖いという意味です。

　セラピスト：あなたのパーツが怖がっているのですか？

パーツ言語の重要性を主張する

クーパー：彼女のすべてのニーズを満たすことはできそうもない。

　セラピスト：パーツは，他にどんなことを言っていますか？

クーパー：必要なものは手に入らない

　セラピスト：どんなニーズがありますか？

クーパー：わかりません……。

　セラピスト：これは大事なことですよ。では，しっかり理解しましょう。あなたにはニーズがあります。でも，それは何でしょう？　あなたのニーズが伝わらないのです。そしてウルマがやってきて，自分のニーズを満たしてほしいとあなたに期待します。このすべてが，あなたの欲求不満のパーツにとって，手に負えないように感じるのでしょう。この内面と外面のすべてのニーズを満たすことができるのは誰なのでしょう？

投影に名前をつける：「防衛パーツがあなたのニーズを追放するなら，彼女のニーズも追放するだろう」

クーパー：そうだ，誰だろうね。

　ここで，セラピストはクーパーに，不満に思っているパーツについて話してもらうようにしました。それは，より広い視野，リラックスした神経系，そして再びつながる準備とともに，相手との関係に戻ることを促進するものです。私たちがあるパーツのために話すとき，はっきり聴いてもらいたいという，そのパーツの欲求を尊重すると，そのパーツは進んでブレンド解除するようになります。

セラピスト：素晴らしい質問ですね，クーパー。手を貸しましょう。いいですか？
　　　　　　まず，ウルマにイライラしているパーツのために話す実験をしてみま
　　　　　　しょう。

クーパー：いつもパーツが怒っていることを伝える代わりに，ということですか？

　セラピスト：その通りです。今，内面で学んだことをウルマに話してください。身
　　　　　　体に起こったことから始まり，恐怖に移っていきます。

クーパー：（ウルマに向かって）全部聞いていたんだろう？

ウルマ：ええ。普通に聞くより，ああいう形で聞けるのはありがたいね。でも，もう
　　　　一回聴いてもいいかなと思う。それほどイヤなことではないし。

クーパー：まず，注意を向けるように求められると，特に日中は，身体的にイライラし，
　　　　　ケンカを始めることに気づきました。うまくいかないのは分かっている。
　　　　　恐れていることがあります。1つは，あなたのニーズに応えられないとい
　　　　　うこと，もう1つは，「僕はどうなの？　僕のニーズはどうなの？　ウルマ
　　　　　は今の僕に気を配ってくれているの？」と思う。僕はこうしたことへの対
　　　　　処法を知らないので，僕のパーツはイライラしてひきこもる。自分が無能
　　　　　で，気に留めてもらっていないと感じるのは，イヤ。そんなことはゴメン
　　　　　だ。

　クーパーがいきなり冒頭で「いったい何をやっているんだ，ウルマ！」と言ったの
とは対照的に，クーパーとウルマは，よりうまく脆弱さに向きあい，自分たちの不安
やニーズを訴えることができるようになっています。

ウルマ：今の話を聴いて，納得しました。クーパーが必要としているものがわかると
　　　　いいよね。何を必要としているのか，全く分からないけど。

クーパー：僕たち二人ともそうですね。

　セラピスト：このコミュニケーションは，普段の話し方や聴き方と比べてどうでし
　　　　　　たか？

ウルマ：すごくいいです。ありがとうございます。

　セラピスト：クーパーは？

クーパー：よくなったと思います。でも今は，ただ……。むなしくて，悲しいです。

　セラピスト：それは普通のことだと思いますよ。辛いのはわかります。そこもお手
　　　　　　伝いしましょう。次のステップは，あなたが何を必要としているかを
　　　　　　発見し，そのニーズに応えるためにウルマを招くことです。

可能性を提示する

　この方法では，IFIOセラピストが，一人のパートナーに対して，Uターンし，感情

を安全に探求し，活性化したパーツからブレンド解除し，脅かすことなく恐れを代弁するように招き入れています。そして，再び関係性のあるつながりに戻るのです。次の「カップルのためのUターンとリターン」ワークシートは，シンプルな7つのステップを用いたエクササイズで，クライアントが反応型のパーツのブレンドを解除して，恐れではなく，洞察を持ってお互いに話ができるようにします。このエクササイズは，セッションにも役に立ちます。

　さらに，「あらゆる瞬間の選択」ワークシートは，カップルが感情的なニーズを満たそうとする際の反応とそれに対する反応のパターンを断ち切るのに役立ちます。対立しているカップルは，往々にして，自分のニーズを満たすにあたって，相手に対抗するしかないと考えている防衛パーツとブレンドしています。このワークシートは，パートナーが次のことを理解すれば，より効果的に反応できることを説明しています。（1）膝を打つと足が反射的に上がるような考えなしの反応は，満たされていない欲求のシグナルである。（2）このフラストレーションの下を探っていくと，苦しい子ども時代の出来事の中に引っかかって身動きとれなくなっているパーツが見つかる。（3）Self エネルギーを纏ったリクエストは，イライラしている防衛パーツからの要求よりもはるかに説得力がある。

　最後に，ワークシート「感情的な欲求を見つけ，そこから話す」は，クライアントがゆっくりとUターンをし，幼少期に追放されたまま，現在の関係で満たされていない，深いあこがれや欲求を探求するのに役立ちます。ワークシートを使って学んだことを書いた後，クライアントに，もう一度，自分のパーツのために，ブレンドされていない場所に戻って話すように誘い，そしてリクエストの実験をしてもらいます。

　IFIO では，感情的なニーズを尋ね，それに応える能力は，親密さの鍵であると信じられています。このエクササイズを自宅で行う前に，セッションでリクエストをする練習をするとよりよいので，このエクササイズを完了させる手助けをすることをお勧めします。

クライアントワークシート
カップルのためのUターンとリターン

　Uターンをし，反応型のパーツからブレンド解除し，パーツからではなくパーツのために話すことを学ぶことが，難しい会話を安全に行うための鍵です。このプロセスは，各人が明晰さ(めいせき)を得て，神経系を落ち着かせ，反応性の下にあるニーズについて見通しを立てることをサポートします。このワークシートは，Uターンのためのロードマップであり，カウンセリングルームでセラピストの助けを借りながら，あるいはセッションの合間に使用することができます。

1. 一時停止し，呼吸を整え，意識を内側に集中させてUターンします。

2. 自分の身体に注目してください。あなたのことを説明してください。

　　　呼吸

　　　_____

　　　心拍数

　　　_____

　　　筋肉の緊張

　　　_____

　　　内なる声

　　　_____

　　　衝動

　　　_____

3. あなたが気づいたパーツに挨拶をして，あなたがここにいて話を聴き，学んでいることを伝え，親しんでください。あなたはこれらのパーツに何と言いますか？

_____

_____

4. あなたのパーツが恐れていることや弱点を探ります。

　　　彼らは何を恐れているのでしょうか？

　　　_____

　　　_____

　　　恐怖の根底には何があるのでしょうか？

何が必要なのでしょうか？

5. 学んだことを報告しましょう。

　　自分の身体で，気づいたことは，

　　あるパーツが怖れているのは，

6. そのパーツを代弁してください。

　　このパーツが必要としているのは，

　　このパーツが望んでいるのは，

7. Self からの要請をします。核となるニーズは何でしょうか？

クライアントワークシート
あらゆる瞬間の選択

　人間関係において，私たちはしばしば，イライラや怒りを，感情的な欲求を満たそうとする防衛的な試みと見なします。セラピストの助けを借りて，このワークシートを使い，フラストレーションや怒りの背後にある感情的なニーズを理解し，防衛パーツから要求するのではなく，Self から要求することを学んでください。パートナーは，義務よりも招かれたときによく反応するものです。

1. 悔しいという気持ちに焦点を当てると，どんなことに気がつきますか？

　　_____

　　_____

2. どんな言葉が聞こえてきますか？

　　_____

　　_____

3. イライラしているとき，あなたは普段（条件反射的に）どんな反応をしますか？

　　_____

　　_____

4. あなたのどのパーツが反応していますか？（例：支配的，怒りっぽい，せっかち，操作的，従順，分析的）

　　_____

　　_____

5. あなたの反応は，相手のパーツからどのような反応を引き出しますか？

　　_____

　　_____

6. 相手のパーツからこのような反応が返ってきたとき，あなたの中では何が起こっていますか？（例：怒り，悲しみ，喜び，興奮，不安）

　　_____

　　_____

7. 自分の防衛パーツと相手の防衛パーツとの間の反応と，その反応への反応のサイクルについて，何か気づきがありますか？

_____

8. 自分の防衛パーツのイライラした反応の下にある脆弱なパーツを見たり，感じたり，感じたりすることができますか？　そのパーツについて，何を知っていますか？

_____

_____

9. 幼少期にどのようなやりとりや出来事がありましたか？　どのように傷ついたのでしょうか？

_____

_____

10. 幼く傷ついたパーツが求めても得られなかった核となる欲求は何ですか？　例えば，話を聴いてほしい，気づいてほしい，愛してほしい，目撃してほしい，抱いてほしい，理解してほしい，つながっていると感じたい，など。

_____

_____

クライアントワークシート
感情的な欲求を見つけ，そこから話す

　このエクササイズは明確化するためのものです。感情と，それが代弁するニーズは，意識的な思考より前に，身体で表現されます。全身に注意を向けることで，私たちは重要な情報の宝庫に触れることができるのです。詩人ルーミーは，「痛みの介入法は痛みの中にある」と言いました。あなたが感じる痛みは，メッセンジャーです。耳を傾けましょう。聴いた後は，聴いたパーツの代弁をします。耳を澄ませ，パーツのニーズを代弁するとき，私たちはお返しにパーツの贈り物を受け取ることができるのです。

1. 目を閉じて，数回深呼吸をし，内側に意識を向けてください。日々の暮らしの中で，怒って，イライラを表現しても構わないほど親密なつながりを持っている人を考えてみましょう。心の目でその人を呼び出し，その怒りや不満について話すか，そうした不満を感じることを招き入れます。自分の反応を観察します。

　　身体で感じることは何ですか？

　　_____

　　_____

　　自分自身にどんな言葉をかけていますか？

　　_____

　　_____

　　どんな感情を自覚していますか？

　　_____

　　_____

　　最初の衝動は何ですか？

　　_____

　　_____

　　この衝動を自分の「パーツ」として認識することができますか？

　　_____

　　_____

2. そして，反応するパーツがあなたの方を向き，優しく問いかけを始めるように誘ってください。

　　あなたの役割は何ですか？

_____

もし，このような反応をしなかったら，どうなってしまうと心配しているのですか？

_____

誰を守ろうとしていますか？

_____

どのような脆弱性が気になりますか？

_____

このような反応性のパターンを生み出したのは，幼少期のどのような出来事だったのでしょうか？

_____

3. 今，自分に問いかけてみてください。自分の中の幼いパーツは，大人から何を必要とし，何を得られなかったのでしょうか？　例えば，話を聴いてもらいたい，気づいてもらいたい，愛してもらいたい，目撃してもらいたい，抱きしめてもらいたい，理解してもらいたい，自分は一人ではないと思いたい，などの核となる欲求に耳を傾けてみてください。リラックスして聴いてください。答えを押し付けず，自分のパーツを急がせないでください。パーツが時間をかけて，情報をもたらすことを許可してください。

_____

4. 今，自分の内的システムの中でそのニーズを満たすことができますか？　今ここで，その子に寄り添うことができますか？　なぜできますか？　あるいは，なぜできないのでしょうか？

_____

5. この質問を終えるために，パーツがくれた情報がどんなに多くても，あるいはどんなに少なくても，そのパーツに感謝しましょう。そして，反応するパーツの様

子を見ます。そのパーツはどのように感じていますか？

_____

_____

6. 最後に，この質問について考えてみてください。自分の反応するパーツから話す
のではなく，その根底にあるニーズを代弁すると，どんな感じがしますか？

_____

_____

勇気あるコミュニケーションで，与えること，受け取ること

　　親密な関係において，愛，ケア，サポートを与えたり，受けたりすることは，いくつかの理由から複雑なプロセスとなります。互恵関係にあるパートナーは，一般に，自分のニーズがいつ，どのように満たされるかを規定するはっきりわかる契約か，あるいは無意識の契約のいずれかを結びます。これらの契約がお互いに無意識である場合，パートナーは，何が愛に満ちていると感じるかを見極め，相手が受け取ることができる方法で愛を表現するために，より一層苦労することになります。

　　システムはバランスを必要とするため，関係性におけるアンバランスは，特に長期にわたって続くと，パートナーの自信と安心を損ないます。たとえば，一方のパートナーに世話焼きなパーツがいたとします。その世話焼きなパーツは，相手のパートナーの追放者が救助されることを切望する気持ちをさらに強めるかもしれません。追放者の切望は，今度はその追放者を守ることを使命とする警戒心の強い，反応型の防衛パーツを呼び起こします。このパーツは，世話をするという行動が，潜在的に失望を生じさせ，耐え難いものであるとみなします。世話をする人を怖がり，感謝しません。反応型のパーツが暴言を吐けば，世話をしている人は驚き，傷つき，自分のパートナーは恩知らずだと考えてしまいます。IFIOセラピーでは，このようなケアの与え方と受け方に関する葛藤を，カップル自身に理解してもらいたいのです。

ギフトとリユース

　リードとスローンは，50代前半の異性愛者でヨーロッパ系アメリカ人のカップルです。二人とも離婚の経験があります。セラピーに来たときは，二人の関係を危うくしている古いパターンを断ち切るという目的を持っていました。彼らは，付き合ってまだ2年ほどしか経っていませんでした。リードは，寛大さと他人への奉仕で評判が高く，地域社会と密接な関係を持っていました。スローンは芸術家で，よい友人もいましたが，どちらかというと内向的な性格でした。スローンは最近，慢性疲労性症候群と診断され，社会生活を共にするためのエネルギーと体力が低下していました。彼らは，1年以上セラピーを受け，ついに与えることと受け取ることについて話し合うことになりました。

スローン：言いたいことがあります。 この時期， いろいろな人がパーティを開く。 私たちは今度の週末に2つのパーティに招待されている。 来週は旅行なのですが， 準備だけでも大変。 本当はそんなに大変ではないのかもしれないけれど， 私には負担なのです。 だから， リードにはパーティには行けないと言いました。 でも， 私のパーツの一人が， 彼から足手まといだと思われ， 捨てられてしまうのではないか， と心配しているのです。 だから，（リードに向かって） 私にパーティに行くのは重要なんだと言ってくれれば， 私は行くということを知っておいてほしいのです。 どちらか一つのパーティにだったら行くし， 必要なら両方にも行きます。

リード：そんなのはダメ。 なぜそんなことをするの？

スローン：あなたのために， だよ。（リードが下を向いてそわそわしている）

　セラピスト：中断して話に入ってもいいですか？ （二人がうなずく） リード， あなたは今何を感じていますか？

リード：肌が粟立つような感じです。

　セラピスト：どんな声が聞こえますか？

リード：「そんなことはしない！」と言っています。

　セラピスト：そう言っているのは誰ですか？

リード：私の父です。

　セラピスト：お父さんのような声， お父さんのような声を出すパーツ？

リード：どうでしょう。

　セラピスト：聞いてみてください。

リード：パーツです。

　セラピスト：なぜ今， そのパーツはあなたの父親の声を表現しているのでしょうか？

リード：お父さんが一番偉いから（皆が笑う）

　セラピスト：この父親のようなパーツは， 与えることと受け取ることについて， どのように言っていますか？

リード：「わがままを言うな！」

　セラピスト：何がわがままでしょう？

リード：ニーズを持つことです。

　セラピスト：では， 思考実験をしてみましょう。 もし， 今スローンに， 「はい， ぜひ一緒にパーティに来てください！ パーティで君がそばにいてくれることは， 僕にとって大きな意味があるんだ。来て欲しい」と言ったら， どう感じるでしょうか。

リード：（鼻にしわを寄せて） それはできない！

スローン：できないの？

　セラピスト：ゆっくり話しましょう。 リードには， 受け取ることにアレルギーを持つパーツがあります。 そして， スローンは， その反応に何かを感じて

いるパーツがあります。何を感じているのですか？

スローン：消えてしまいそうです。

　セラピスト：（リードに）それはわかっていますか？

リード：「ダメだ！　ダメだ！　ダメだ！」と叫んでいるパーツがいるので，私たちは
　　　　何か核心に迫っているのかもしれないです。

　セラピスト：そのパーツの話が聞けそうですか？　（リードがうなずき，セラピスト
　　　　　　　がスローンを見る）

スローン：どうぞ。

　セラピスト：「ダメだ！」と言ったパーツに対してどう思いますか？

リード：申し訳ないです。

　セラピスト：そのパーツは何を心配しているのですか？

リード：弱点を持つことです。

　セラピスト：何かをしてもらうことは弱い？

リード：そうですね。

　セラピスト：（スローンに）リードはあなたのために何かしてくれますか？

スローン：彼は寛容の精神を持っているのです。

　セラピスト：あなたはスローンに対してとても親切にするのに，それに対してスロー
　　　　　　　ンはイライラしていますね。これについて，どう思いますか？

リード：（笑いながら）さっぱり理由がわかりませんね。

　セラピスト：当ててみましょうか？　もし間違っていたら，パーツにそれを指摘す
　　　　　　　るようにお願いしたいです。

リード：お願いします。

　セラピスト：あなたには，よく知られているパーツがあります。それは，あなたが
　　　　　　　愛されるように，いい子でいてほしいと思っています。このパーツは，
　　　　　　　少年を守っているのです。この少年は父親を恐れていて，母親に文句
　　　　　　　を言うこともできません。ここまではいい？　（リードがうなずく）も
　　　　　　　う一人，反抗的なティーンエイジャーがいて，いい子になりたくない
　　　　　　　と思っています。時々，支配的になって，無作法でわがままな振る舞
　　　　　　　いをします。そうでしょう？　（リードもスローンもうなずく）そして，
　　　　　　　みんなはそのティーンエイジャーのパーツにショックを受けるのです。

スローン：それは私のことだ！

　セラピスト：ティーンエイジャーは，いい子に束縛されるのではなく，自由になり
　　　　　　　たいと必死に願っています。

リード：そうですね。

　セラピスト：では，誰があなたにこのような与える行為をさせたいのでしょう？い
　　　　　　　い子なのか，それとも反抗的な子なのか？

リード：間違いなくいい子です。

　セラピスト：今，その子に対してどのような気持ちですか？

リード：（首を横に振って）このパーツがまだそんなに強いのが驚きです。

　セラピスト：このパーツの強さを考えると，このパーツに対してどのような気持ちですか？

リード：彼がいなくなってくれればいいのに。（セラピストが答える前にスローンが話す）

スローン：（うなずいて）ティーンエイジャーは私を傷つけ，時々怒らせますが，いい子は私を怖がらせます。

　セラピスト：（リードに）それについて聴くことはできますか？

リード：そうですね。

スローン：受け取ることが弱いとしたらどうでしょう。あなたは私を助け，私は助けてもらう。じゃあ私はどうなの？（リードは思慮深くうなずく）見返りに何もできないなら，助けてもらうことはできますか？ あなたが助けを拒むと，自分は小さくて取るに足らない人間になった気がします。

リード：確かにそのとおり。でも，自分が変わるなんて考えられない。

　セラピスト：何が怖いのですか？

リード：悪者になってしまう。

　セラピスト：それから？

リード：（長い沈黙の後）自分は小さくて取るに足らない存在だと感じるでしょう。

　セラピスト：その少年が感じるのですか？

リード：いつもその少年の問題に集約されるのです。なぜ彼はまだ助けてもらっていないのでしょうか？

　セラピスト：ええ，どうして？

リード：怖いのです。

　セラピスト：彼が怖い？

リード：彼のような存在になることが怖い。

　セラピスト：彼はどんな存在ですか？

リード：取るに足らない。弱い！

　セラピスト：彼を助ける許可を得られますか？

リード：（驚きのあまり首を横に振る）そうは思わないね。イエスはもらえないよ。

スローン：誰が助けさせないようにしているのでしょう？

リード：そうですね……。「私はどうなの？」と言うパーツがいます。

　セラピスト：今のは，良い子の声ですか？（リードがうなずく）今，その良い子に対してどのように感じていますか？

リード：気にかけています。

　セラピスト：もし私たちがその少年を助けたら，いい子も助かるのでは？

リード：でも，私はどうなるのだろう？

良い子のパーツから話す

セラピスト：（良い子のパーツに直接話しかける）あなたはいなくなりませんよ。みんなのためのスペースはあります。（リードが沈黙）少し実験してみましょうか？（二人がうなずく）いいでしょう。リードはスローンに，近くにくるよう頼んでください。（リードは麻痺しているように見える）

セラピスト：今，何が起きていますか？

リード：難しいですね。

セラピスト：何が聞こえてきますか？

リード：「私たちは，自分の汚れ仕事を他人には頼まない」

セラピスト：もし今，スローンがあなたの近くに座るように頼むとしたら，彼女に何をしてもらいたいですか？

リード：孤独を感じなくなるように。（スローンを見て）私も大事だと知ってほしい。いつも他人の心配をする必要はないと知ること，自分は重要だと感じること（スローンはソファを滑り落ち，リードの片手を取る。彼は瞬きして涙をぬぐう。二人は沈黙する）ほとんど呼吸ができません。

セラピスト：呼吸をしたらどうなりますか？

リード：（目を覆い，前屈みになって泣く。息が静まると，立ち上がって，スローンからセラピストに目を移し，スローンに戻す）悲嘆にくれるでしょう。

❧

　パートナーシップには，バランスの取れたギブ・アンド・テイクが不可欠です。このカップルの例では，与えることを強さとし，受け取ることを弱さとする負荷が，二人の親密さのバランスを崩しています。もちろん，受け取ることを拒否する人は，他の人が与えることを躊躇させますが，それはこの負荷の代償の一部に過ぎません。結局，一人が受け取らないことで，相手も受け取ることを嫌がるか，子どもの立場をとるかのどちらかになってしまいます。リードのいい子のパーツは，自分の大切な仕事と自分の存在理由を失うことを心配しましたが，リードが自分の根本的なニーズを代弁すると，いい子の反対はひとまずなくなり，リードは悲しい気持ちになることができました。内的なシフトが外に向かって流れるように，関係的なシフトも内に向かって流れていくのです。

投影：隠れたパーツの否定的な影響

　防衛パーツは，愛着による傷に対して，私たちの中の脆弱に見えるパーツや，さらに傷を深めてしまうようにふるまうことが心配されるパーツを隠すことによって対応します。これらの隠されたパーツの危険な脆弱性を切り離すために，クライアントはしばしば，切り離された性質が他の人に現れていたり，あるいは現れるよう

に見えることを批判します。これが投影です。投影を行う管理者は，内部を批判し，次に外部を批判します。例えば，クライアントの家族が怒りを直接表現することを嫌う場合，あるいは文化的にそうした傾向がある場合，その管理者は怒るパーツを抑圧し隠すために大きな努力をすることになります。投影はその方法の一つです。これは，カップルのうちの一方のパートナーの怒った防衛パーツが，相手が怒っていると主張するときに見られます。私は怒っていない，あなたが怒っているのだ，というわけです。投影を起こしているとき，自分の大切な感情とパーツだけでなく，相手の実際の感情とパーツも拒絶してしまうのです。

カップルの対人関係の対立の中心が投影である場合，次の2つのUターン練習で，投影をやめ，追放されたパーツを愛せるようにします。

最初のUターンエクササイズは，防衛パーツがどのように脆弱性を投影し，苦しみの責任を他者に負わせるかを説明しています。このエクササイズが敬意を持って行われると，自分の最も困難なパーツやとらえどころのないパーツと仲良くなるのに役立ちます。ここで紹介する2つ目のUターン練習は，パートナーの防衛パーツがバリケードを築き，傷ついたパーツを見捨てる様子を理解するのに役立ちます。Uターンは，あらゆる関係性の対立において非常に有益ですが，実施が困難なこともあります。

クライアントの防衛パーツは，あることが他の誰かの特徴であると主張し，他者に投影します。しかしそれはクライアントの隠そうとしていた性質です。この隠されたものを明るみに出すと，クライアントは混乱した気分になるかもしれません。そのため，私たちはまず，クライアントがこれらの防衛パーツを尊重し，その動機を理解することから始めます。

クライアントワークシート
パーツと共に U ターンする

　「U ターン」とは，あなたが誰かに対してもっと知りたいと思うような感情や反応があったときに，自分の内側，つまり自分のパーツに注意を向けることを意味します。防衛パーツの多くは，自分の感情，つまり内側にある他のパーツの感情の重要性と意味を軽視し，外部の誰かがそのように感じるように仕向けたと主張することで，脆弱性から注意をそらそうとします。この内なる非難の声を額面通りに受け取るのではなく，私たちの他のパーツ，つまり別の防衛パーツか追放者が耳を傾けてほしいという信号を出していると思えばよいのです。U ターンをすれば，避難することで麻痺したり，無力感を持つことから解放してくれます。

1. まず，人生であなたを不快にさせる人を思い浮かべてください。これは個人的なものにしてください。その人はどんなことをしたり，言ったりして，あなたの気分を害するのでしょうか？　その人を描写する際，自分の中で裁いているパーツに耳を傾けてください。

_____

_____

2. そして，次のような質問を自分に投げかけてみてください。

　　あなたのパーツは，この人に何をして欲しいと思っていますか？

　　_____

　　_____

　　あなたのパーツは，この人があなたにとってどんな存在であってほしいと願っているのでしょうか？

　　_____

　　_____

　　あなたのパーツは，この人にどんなアドバイスをしているのでしょうか？

　　_____

　　_____

　　あなたの批評家に，この人について決めつけたりせずに判断させましょう。この状況での，その人の行動についてのあなたの考えを列挙してください。

　　_____

　　この状況で，あなたのパーツが，あなたに二度と経験させたくないことは何ですか？

_____

この人との関係で不快感を持たず，より幸せになるために，あなたのパーツはこの人とどう行動することを望んでいるのでしょうか？

_____

_____

3. そして，そのスペースが感じられたら，Uターンをしてください。まず，この人についての一般化された批判を，事実に基づいた観察に変えてください。

_____

_____

4. では，自分に問いかけてみてください。誰かが私をひどく扱うとき，自分は自分をどのように扱っているでしょうか？　私のパーツは自分を批判しますか？　パーツは復讐を企んでいますか？　パーツは，違う結果の違うシナリオをリハーサルすることで，起こったことを受け入れ，悲しむことを繰り返し避けているでしょうか？　もしそうなら，彼らに聴いてみましょう。あなたは誰を守っていますか？

_____

_____

5. 自分の中で守られているパーツを，許可を得て明らかにしたら，そのパーツに尋ねてみてください。他のパーツが批判し，陰謀を企て，事態を元に戻そうとしている間，あなたはどうなるのでしょうか？

_____

_____

6. 今，もう一度確認してください。好奇心を持ち，耳を傾けるためのスペースがまだ内側にありますか？　もしそうなら，どのパーツがその人との関係に関与しているかを尋ね，パーツがどのように振る舞うかを考えてみてください。これらのパーツのリストを作成し，よりよく知るために意図を設定します。

_____

_____

バイロン・ケイティのワークを参考に作成

クライアントワークシート
思考実験における U ターン

　自分の投影に気づくのは簡単ではありません。 この戦略を使う防衛パーツは， 私たちが自分自身に気づくことを全く意図していません。 この思考実験では， 内面に入り， 活性化した状況をもう一度体験し， そのことを眺めてみるようにします。 これは， 緊急の場合にしか出ず， それ以外では見つけにくい防衛パーツに自分自身を紹介するいい方法です。 この機会に， あなたの防衛パーツに会い， あなたの追放者を見つけてください。

1. 誰かがあなたを傷つけたときの状況に戻ってください。防衛パーツがどのように反応したかに注目してください。防衛パーツはすぐに何をすべきかを考え始めましたか？　もしそうなら，それは何だったのでしょうか？　そして，防衛パーツは何をしましたか？　あなたは，正しく理解されるよう主張する，争いを避けるために従う，あるいは復讐を企てる，などの反応をしましたか？　学んだことは何でも書き留めてください。

_____

_____

2. 次に，反応したパーツに，これらの質問に一緒に答えてくれるように頼んでください。

　　　その状況で傷ついたのはどのパーツですか？

_____

　　　他のパーツが反応したとき，傷ついたパーツはどうなったのでしょうか？

_____

　　　反応するパーツは，傷ついたパーツを助けることを許可してくれるのでしょうか？

_____

　　　なぜ許可しますか？　あるいはなぜ許可しませんか？

_____

　　　傷ついたパーツは助けを望んでいますか？　なぜ望んでいますか？　あるいはなぜ

望んでいませんか？

_____

_____

3. さらに，次のような質問を考えてみてください。

他の人に対しても同じように，人を傷つけるような振る舞いをしたことがあります
か？　どのように振る舞いましたか？

_____

_____

内的システムに，このような行動をとるパーツがあるのでしょうか？　もしそうな
ら，どのパーツですか？

_____

_____

このパーツとは別のパーツに気づきましたか？

_____

_____

そのパーツはどのような振る舞いをしますか？　リストにしてみましょう。

_____

_____

カップルセラピーにおける心と心をつなげるワーク：内面に入る

　IFIOのカップルセラピーでは，さまざまな場面で，パートナーは，もう一方のパートナーが自分の内なる体験を探求しているのを目撃することになります。(1)一方のパートナーに，非常に活性化しているパーツがあり，ブレンド解除しようとしない，(2)行動パターンが凝り固まっている，(3)否定的な子ども時代の経験や，ニーズを持つことに対する恥が表面化し始める，といった状態が起きてきたときは，通常，カップルセラピーの一環として個人のためのワークが行われます。型破りではありますが，カップルセラピーの文脈の中での個人セッションは，深い癒しとなることがあります。自分の傷ついたパーツ，負荷を抱えたパーツに思いやりをもって向き合うと，より安全で，より穏やかで，より勇敢になり，その結果，より関わりやすくなり，その状態でパートナーのもとに戻ることができるのです。Selfにアクセスすることで得られる内なる安心感は，「私は愛されない」などといった否定的な信念が，いかに人間関係やパートナーに影響を与えていたかを認めるための場所を整えてくれます。

　一方，目撃者となるパートナーは，相手の弱さを見る一方で，愛する人の強さ，回復力，存在感を見ることになります。多くの場合，この共有体験は，カップルがお互いを「傷ついた人」「世話をする人」としか見ていないことに疑問を投げかけ，現在の自分たちの関係に実際に何が必要で，何を望むのかを探る自由を与えてくれるのです。親密な関係において問題が起きると，言葉以前の体験に基づく潜在記憶が表面化し始めます。私たちは，潜在記憶を意識化することで，時間をかけて，カップルが自分自身とお互いについての認識，感情，思考を変えられるようにすることを目指しています（Badenoch, 2008）。

　カップルセラピーの文脈で個人セッションを行うことには，幼少期の体験が大人の行動にどのように影響するかをパートナーに示すことができることに加えて，他の利点もあります。第一に，自己探求をしているパートナーは，Selfとそのパーツの間の安全な愛着を促進し，幼少期に身につけた否定的な信念を持つパーツが癒されるのを助けます。第二に，目撃しているパートナーは，子ども時代のつらいジレンマに共感と思いやりをもって耳を傾けることで，パートナーの癒しのプロセスに積極的な役割を果たすのです。傷つきやすいパーツを深い愛と思いやりで見守る人

が中にいて，そのパートナーも同様に愛と思いやりでその傷つきやすさを包み込むとき，癒しのポジティブなサイクルが生じます。IFIOモデルの包括的な性質は，内側と外側の関係性の癒しを誘います。

内面に入る

ステップ1：カップルと契約し，一人が中に入り，もう一人が目撃者となることを伝えます。

ステップ2：二人が話を聞き，現在にとどまることができるように，目撃者のブレンド解除をサポートします。もし二人が恐れたり反応したりしたら，あなたが助けに入ることを覚えておいてもらいます。

ステップ3：優しく丁寧にブレンド解除を促し，クライアントが自分自身と内面的に思いやりのあるつながりを確立するのを助けます。安全な作業環境を維持するために，両方のパートナーの防衛パーツに細心の注意を払い，自律神経系の活性化を継続的にチェックします。

ステップ4：適切かつ時間の許す限り，追放者の負担を軽減します。

ステップ5：対人関係や協調性を育み，サポートします。

内面に入る

　先に紹介したマークとマテオのカップルは，セックスにまつわるコミュニケーションの問題を改善するためにセラピーを受けていましたが，安全で敬意に満ちたコミュニケーションを実践し，また，防衛パーツや怖がる幼い追放者のために話すことで，セラピーはうまく進みました。彼らは，問題を解決しようとする前に，待つことを学びました。スキルを駆使して巧みに話し，巧みに聞くことの大切さを学び，自分自身と互いへの理解を深め，より親密な関係を築いたのです。しかし，マテオの内側にある小さな声が助けを求め続け，内面をさらに探求することが必要となりました。次の対話は，セラピストがどのようにそのパーツに注意を向けるのを助けたかを示しています。

セラピスト：マテオ，この間のセッションの終わりに，私たちは壊れたり傷ついたりしていることを話す声に耳を傾けることにしました。覚えていますか？

マテオ：そうですね。今週は，アドバイスに従って，気づいたときに大したことではないと矮小化しないようにしました。でも，恥ずかしいと思ってしまい，難しかったです。

セラピスト：もう少し聞かせてください。

マテオ：そのことを考え，話そうとすると，弱々しい感じがしてきます。とても傷つきやすい感じ。むしろ，話したくないという気持ちが強くなってしまいます。

セラピスト：この声を裁いて，押し殺してしまうパーツがあるのでは？

マーク：（うなずく）そうなのです。私でさえ，彼がこのパーツをどれほど嫌っているかわかります。理解できないわけじゃないですけど。

マテオ：自分の頭の中のネガティブな声を聞く。それは，がんになる前の自分にはなかったことです。

セラピスト：今，ちょっとだけ話を聞いてみるのはどうですか？　この声に対していろいろ意見を持っているすべてのパーツに，あなたに話を聞かせてもいいかどうか聞いてみましょう。

マテオ：今は大丈夫な気がします。やってみましょう。（目を閉じる）

セラピスト：（マークへ）マークに確認しますが，あなたは参加できますか？　心は開いていますか？　もし何らかの理由で，お二人のどちらかが不快に感じたり，活性化したり，眠くなったり，あるいは現在にとどまることができなくなったら，知らせてください。

マークのパーツのブレンド解除を助ける

マーク：そうします。

マテオ：OK。

セラピスト：マテオ，準備はいいですか？

マテオ：子どもの頃，弱さを見せず，無敵でなければならないと思っていたことを思い出していたんです。何度か殴られたこともありました。高校でのカミングアウトは悪夢でした。だから，強く，健康で，好ましく，誰も私を止められない存在になることを使命にしたのです。

セラピスト：それをパーツと名付けることはできますか？

マテオ：そうです！　確かに，これは私の大事なパーツです。

セラピスト：そのパーツは誰を守っていますか？

マテオ：言いたいことはわかります。いじめられていた弱い子です。

追放者を探し当てて名前を付ける

セラピスト：その通りです。心の目で弱い子を見ることができますか？

マテオ：（背もたれに寄りかかり目を閉じて）はい。

セラピスト：その子に対する気持ちはどうですか？

ブレンド解除の確認

マテオ：その子がかわいそうです。

セラピスト：それは同情でしょうか，それとも心配でしょうか？

ブレンド解除を再度確認する

マテオ：哀れみではなく，優しくて，オープンな感じです。その子は身体が小さいので，狙われやすいのです。

セラピスト：誰からのターゲットになっている？

マテオ：兄弟や他の子どもたち。

セラピスト：その子はあなたに気づいていますか？

Self とパーツのつながりを育む

マテオ：はい。

セラピスト：彼の話を聞いてあげられますか？

マテオ：ええ。

セラピスト：その子にそう伝えてください。

関係を発展させる

セラピスト：（マークとつながる）話を聞くことができますか？（マークがうなずく）

マテオ：いじめられるのは最悪です。

セラピスト：その子は話したり，様子を見せたりすることができますか？

マテオ：（うなずく）私に様子を見せてくれています。

目撃

セラピスト：大丈夫ですか？

マテオ：まるで洪水です。圧倒される感じです。

セラピスト：その子はあなたに何を求めていますか？　どうしたらその強い感情を弱めることができるでしょうか？

マテオ：その子は私がいなくなることを恐れています。　その子がもしスローダウンしたら，私が彼を押し退けると思っているようです。

セラピスト：他のパーツはその子を押しのけたいのでしょうか？　以前にもその子を押しのけたことがありますか？

追放者に危機感を抱いている防衛パーツの名前を挙げる

マテオ：そのとおりです。

セラピスト：あなたはその子に何を伝えますか？

マテオ：（やわらかい声で）私は聞いている。私はここにいる。

セラピスト：その子はどう反応するのでしょうか？

マテオ：イメージがスローダウンしていますね。

　セラピスト：その子と一緒にいてあげられますか？

マテオ：はい。（セラピストは，親指を立てて，大丈夫だというジェスチャーをしているマークを見る）

つながりを維持するために目撃者のパートナーと一緒に定期的に確認する

　セラピスト：あなたは今，何に気づいていますか，マテオ？

マテオ：悲しみと怒りがいっぱい。その子は動揺しています。誰もが殴り，貶め，痛めつけるスケープゴートを必要としているように見えました。助けはどこにあったのか？　なぜ自分は保護されなかったのか，と問いかけています。

　セラピスト：では，どう答えますか？

マテオ：（頭を振って）ごめんなさい。

　セラピスト：何か具体的な出来事があるのでしょうか？

マテオ：兄弟に，コインランドリーの乾燥機に押し込まれたところを見せられました。（マークは苦笑）それを止められませんでした。兄弟がスイッチを入れるのではないかと思い，恐怖と吐き気に襲われたのを覚えています。兄弟は，スイッチは入れませんでした。神に感謝します。幼いマテオは，恐怖のあまりゴミ箱に吐いたので，彼らはそれをからいました。

　セラピスト：では，その子は大人に何を求めていたのでしょうか？

マテオ：幼いマテオを助け出し，兄弟を叱ってほしい。

　セラピスト：その子のために今それをすることができますか？

マテオ：できます。

　セラピスト：そのとき，大人にやってもらいたかったことは何でしょう？　何か言ってほしいとか，やってほしいことはありますか？

マテオ：（うなずく）彼は私に伝えてくれて，私はそれをやっている。（しばらくの沈黙）私は彼の兄弟に話しています。

　セラピスト：その後で，その子は自分についてどのような結論を出したのでしょうか？

マテオ：自分は，弱い，壊れている，能力がない，価値がない，と感じていました。

　セラピスト：幼い子にしては手厳しいですね。

マテオ：とても悲しいです！

　セラピスト：今，その子に対してどのような気持ちですか？

マテオ：何が起こったのかわかりました。彼はそのいずれの批判にも当てはまらないです。その子の世話をしたい。

　セラピスト：彼はそのことを知っていますか？

マテオ：はい。

　セラピスト：二人は今どこにいますか？

マテオ：彼は今，私と一緒にここにいます。

過去から現在への自発的な救済

セラピスト：その子はその信念を手放したいのでしょうか？

もし準備ができていたら，負荷を降ろすように追放者を誘う

マテオ：今日のところはこれでおしまいかな。私はただ彼と一緒にいたい。

負荷を降ろす準備ができていない

セラピスト：いい感じですね。彼はあなたと一緒にいてくれるのですか？

終わりたいという要望を尊重する

マテオ：彼は私と一緒です。（マークを見て）

セラピスト：マークと会えますか？

マテオ：はい。彼はマークの心が開いていることを見ているのです。それが救いです。

マーク：すごい，マテオ！ 君の兄弟の話は，今までにも聞いたことがあります。だから，どんな状態だったかは知っています。でも，乾燥機のことは一度も聞いたことがなかった。信じられない！ 本当にひどいことだったね。

マテオ：どうりで，強くなる必要があったわけだ。

過去と現在をつなぐ

セラピスト：またいつか，その話に戻りましょう。

　　カップルセラピーの中で個人セッションを行うのは，目撃者のパートナーが，本当に準備ができていると思われる場合のみです。目撃者のパートナーは，もう一人のパートナーが自己調整し，Self主導でいられるように助けます。セラピストは，両方のパートナーとつながりを保ち，アイコンタクトや言葉で定期的に目撃者のパートナーに確認します。クライアントのSelfと目撃者のパートナーが一緒に追放者に思いやりを広げると，その結果，関係性の負荷が取り除かれます。関係性の癒しは強力ですが，そのタイミングが適切なものでなければなりません。一方，パートナーを別々に見たいと思うこともあります。以下のような場合，パートナーに個人セッションを提案します。

　　1. カップルセラピーでは，感情的または身体的な暴力が振るわれる危険があり，

安全ではないトキ

2. それぞれのパートナーがセラピストと二人での時間を持つことを希望しているとき

3. パートナーの一方または両方が，セックスやセクシュアリティについて話し合うために，別々に話すことを希望しているとき

セラピストの中には，日常的にカップルとして一度話を聞き，その後，それぞれのパートナーに個別に会ってセッションを行い，その後，再びカップルを一緒にする人もいれば，しない人もいます。他にも，ケースバイケースで判断する人もいます。IFIO では，特に推奨するやり方はありません。私たちの第一の焦点は，カップルとその関係です。セッションが一度だけであろうと，何度か行う場合であろうと，パートナーと個別に会うときは，この焦点を維持します。すべてのプラクティショナーは，その場の状況を判断し，自分自身でこの決断を下さなければなりません。しかし，もしあなたがパートナーに個別に会うことを決めたら，以下のような，よくある落とし穴を避けなければなりません。

1. 個人セッションがセラピーの契約にどう適合するか，言及することを忘れてしまう

2. 秘密保持の方針を明確にすることを怠る

3. 個人セッションは人間関係のサポートに焦点を当てるもので，彼らの関係のためのセラピストであるということを明確にしない

4. 一方の人を見て他方の人を見ないことで，治療同盟に不均衡をもたらすこと

5. 一方のパートナーのみが問題を抱えた人であるとして，このパートナーを個別に扱うことに同意することで，治療同盟に不均衡をもたらすこと

事前にカップルで個人セッションをする理由を話し，秘密に関するガイドラインを確立することで，安全が確保されます。例えば，セラピストによっては，カップル同士で相手に言わないで欲しいと頼んだとしても，秘密は守らないと言って，厳しい境界線を作る人もいます。また，セラピーの文脈の中でクライアントが秘密を明らかにするのを助けるという理解で，秘密を持つことを推奨する人もいます。また，秘密を持つことに快感を覚える人もいます。私たちは，すべての IFIO のセラ

ピストが，この問題に関して自分のパーツに耳を傾け，誠実さを維持することをお
勧めします。

恥とは，恥をかかせることと恥ずかしく思うことを含む

　　人は人間関係の中で，不注意に，あるいは意図的にお互いに恥をかかせます。
IFIO では，外に向かう恥は，内に向かう恥や恥ずかしいという感情から目をそら
すためにうまく偽装された試みとみなしています。セラピストは，3 つのことを行
うことで，能動的でウイルスのように広がってしまう恥の性質を方向付けることが
できます。

- 第一に，クライアントとパーツの話をします。
- 第二に，恥をかかせるという行動や，恥ずかしく思う状態としての恥について，
  話したり書いたりできます。このように「恥」を捉えることで，特に幼少期の
  愛着の傷に起因する「恥」による内的な人間関係のドラマに目を向けることが
  できるようになります。恥をかかされたことに対して，愛されていない，無価
  値であると感じた子どもは，行動を起こすしかないと感じる防衛パーツを発達
  させます。皮肉なことに，先回り型の防衛パーツは内心で恥を感じることが多
  いのですが，反応型の防衛パーツは，逆に恥知らずな行動をとったり，他人を
  いじめたりすることで反抗します。
- 第三に，内外の恥をかかせる防衛パーツと親しむことです。私たちの目標は，
  追放者の負荷を降ろして，この防衛パーツを解放することです。

恥をかかせること，恥ずかしいと感じること

　　次の対話は，ミカエラとジョージというカップルのセッションに，このガイドライ
ンがどのような影響を与えたかを示しています。このカップルはシスジェンダーで異
性愛者です。ミカエラはヨーロッパ系アメリカ人で，もう一人のジョージはジャマイ
カ人の祖父を持ちます。二人は，恥の問題を探求するためにやって来ました。ミカエ
ラは，パートナーのジョージが自分のことを他の人に話すとき，それがたとえ肯定的
なことであっても，とても恥ずかしく感じると言っています。

ミカエラ：私は話題にされるのが好きではありません。あまりに人に見られ過ぎてい
　　　　　　ると感じてしまうのです。

セラピスト：ジョージ，あなたはそれを知っていましたか？

ジョージ：はい，ある程度は。大したことないと思っていました。

ミカエラ：正直なところ，あまり話していませんでした。彼の気持ちにいつも気を遣っているのです。そして，別のパーツは，私が気を遣っているといって怒ります。

ジョージ：誰に気を遣うように言われたんだい？

セラピスト：ちょっとここで話に入りますね。（ミカエラへ）あなたは彼に恥を抱かかせないように気を配っているパーツがあるのでは？

ミカエル：彼は恥をかかされたと思うと，怒るのです。今みたいにね。だから，何も言わないようにしています。

ジョージ：怒ってないよ！？　君はいつも僕の気持ちを代弁してくれるね。

セラピスト：また一言いいですか？（二人がうなずく）この動きは重要です。今聞いた話をまとめますね。ミカエラ，あなたにはあるパーツがあります。ジョージがあなたのことを話すと，人前にさらされてしまうと感じています。また別のパーツは，あなたに何も言わないように警告します。なぜならジョージが恥を感じて怒ることを恐れているからです。どうでしょうか？（ミカエラがうなずく）そしてもう一つ，ジョージを怒らせないように気を遣っているため，ジョージに対して腹を立てているパーツがありますね。これで合っていますか？

ミカエラ：そして，私にも怒る。

セラピスト：なるほど。するとどうなるのですか？

ミカエラ：何かと彼を批判します。

セラピスト：ジョージ，彼女があなたを批判するとき，あなたはどうしますか？

ジョージ：怒ります。

セラピスト：あなたには怒るパーツがありますね。このパーツが怒る直前には何が起こりますか？

ジョージ：自分が悪い子のように感じます。

セラピスト：自分が悪い子だと言われているように感じているパーツと，それに対して怒っているパーツがあるということですね？

ジョージ：そうですね。

セラピスト：あなたの中に，あなたは悪い人間だというパーツはいますか？

ジョージ：そうですね。ミカエラが正しいというパーツがあります。

ミカエラ：そうなの？

ジョージ：うん。でも，納得がいかない。

セラピスト：あるパーツは彼女の批判が正しいとあなたに伝え，別のパーツは同意しないのですね。ちょっとこのまま進めましょうか。あなた方二人には，内に向かって恥をかかせるパーツと，恥ずかしいと思うパーツがあるようですね。そして，互いの中に，外に向かって相手に恥をかか

せるパーツがあることもわかりましたね。 どうですか？ 二人にとって，これは，全く気付いていなかったことでしょうか？

ミカエラ：まあ，確かに。こんなふうに考えたことはありませんでした。（笑う）恥をかかせることが次々と続いていたのですね。

セラピスト：確かに。

この時点で，セラピストは恥のサイクルを総括し，それが両方のパートナーに作用していることを指摘しました。 ミカエラもジョージも，セラピストのコメントを受けてほっとしたような表情を浮かべます。 ミカエラが苦笑すると，ジョージはいすに寄りかかりました。

ジョージ：私たちに希望はありますか？

セラピスト：そうですね。このような恥をかかせること，恥ずかしさを感じること，そして怒りは複雑に見えるかもしれません。 でもそれはよくあることで，あなたのパーツを助けることができます。 少し内面に問いかけをしていただけませんか？ （二人ともうなずく）内側に入り，恥をかかせているパーツにこう質問してみましょう。「もし傷ついたパーツを助けて，恥ずかしいという感情がいつも出てこないようにできたら，それでも批判する必要があるでしょうか？」

ジョージ：いいえ。

ミカエラ：私のパーツも「いいえ」と言っています。でも，誰も過去を変えることはできないと思ってます。

防衛パーツにこのような仮定の質問をすることは，非常に重要なことです。第一に，そのパーツの行動の原動力となっている根本的な問題を解決できると断言します。 第二に，それはパーツに自分自身の将来について考えるよう促すものです。 もし，この仕事をする動機がなかったら，どうなるでしょう？ 防衛パーツに対して，この恥を抱えた追放者を問題だと感じていることを明らかにし，さらに，セラピストが追放者の気分が良くなるように手助けすることを提案すると，防衛パーツはしばしば反対し，それは不可能であると主張します。 防衛パーツは，恥という根本的な問題を解決したことがなく，これからも解決できないので，私たちは彼らが心配するのは無理もないと認めます。 同時に，私たちは追放者を助ける方法を実際に持っていることを主張します。

セラピスト：あなたの批評家は，良い結果を信じる必要はないのです。ただ，新しいことをやってみようと思うだけでいいのです。どうですか？

ミカエラ：なるほどね。

セラピスト：良いですね。では，ミカエラに質問させてください。それから，ジョ

ージにも質問します。内側と外側で，恥をかかせるようなことをする
パーツと，恥ずかしいという気持ちを感じているパーツと，どちらが
先に出てきますか？

内なる恥の連鎖を続けている負荷の起源を考えるように導く

ミカエラ：（しばらく考えてから）母はある意味，冷たいんです。私が子どもの頃は，
　　　　　優しくて楽しい人でした。その後，私を軽蔑するような目でじっと見つめ
　　　　　るようになりました。なぜなのか，その理由がわからないのです。彼女は
　　　　　怒って，そのまま立ち去ってしまいました。

ジョージ：彼女の母親は狂っている。

ミカエラ：認めたくないのですが，心の中の批判的な声は，母です。

　セラピスト：恥ずかしいと思う人は？

ミカエラ：小さな少女です。私には彼女が見えます。

　セラピスト：母親が彼女に恥をかかせた後，別のパーツが内側で少女を批判する仕
　　　　　　事を引き受けたのですね？（ミカエラがうなずく）批判者は少女に何
　　　　　　を望んでいるのでしょう？

ミカエラ：こうしてみるとばかげているようなのですが，少女の安全を願っていると
　　　　　言うのです。

　セラピスト：その作戦はうまくいっていますか？

ミカエラ：いいえ。

❧

　このやりとりが示すように，幼少期の関係性の傷が，成人の防衛パーツの関係性へ
の恐怖の舞台となっています。この内側で恥をかかせるサイクルを明らかにすること
で，パートナーは，恥をかかされた元の経験だけでなく，その後に，内側で恥をかか
せる防衛パーツの恐怖の根源まで，点と点を結ぶことができるのです。各パーツがブ
レンドせず，Self が利用できるようになると，双方のパートナーは自分自身の内面で
激しく恥をかかせるパーツがいることに気づき，その責任を取ることができるように
なります。もしパートナーも，これらの防衛パーツに恥をかかせているのであれば，
パートナーは，恥に向かってしまう弱さから脱却し，より Self 主導で反応するように
なります。もしパートナーが恥をかかせていないなら，彼らは自分の防衛パーツが投
影する方法に気づき，その責任を取ることができます。

　IFIO の目標は，カップルが混じり合わないで互いに分化し，明晰さと自信と勇気を
もって，困難と思われる会話をするための扉を開くことです。自分たちが十分に内な
る資源を持っていることに気づいたとき，彼らはより自由に関係性のリスクを取るよ
うになるのです。そのため，IFIO では，過去に恥をかかされたことによる有害な影響
を評価し，癒すことを優先しています。さらに，セラピストが自分自身の内面に，恥

をかかせたり恥ずかしいと感じたりするパーツがあることを知り，こうしたパーツを恐れないようになることはとても大切なことです。セラピストは，圧倒されている自分のパーツや，クライアントの恥をかかせる防衛パーツや恥を感じている追放者を避けたいと感じる自分のパーツに気づかなければなりません。セッションの中で，セラピストは，後で戻ると約束することで，これらのパーツがブレンドしないように手助けすることができます。恥をかかせることや，恥を感じるパーツが，もはや私たちの中に恥ずかしさを呼び起こさないとき，私たちはよりよく機能するようになります。カップルセラピーで恥を癒すためには，セラピストとして積極的な役割を果たすことを明確に契約し，「少しペースを落としてください」といった指示を与えることができます。また，1回のセッションで，あるいは治療期間中，何度もカップルの恥のサイクルを繰り返し探求し，同時に各パートナーのニーズを確認するようにします。カップルの恥のサイクルが確認できたら，身体に焦点を当て，クライアントがその感覚に対してどう感じているかを尋ねることで，それぞれのパートナーの恥や非難する防衛パーツがブレンドされないようにします。身体で恥ずかしさを感じていることは，クライアントの姿勢，アイコンタクト，声のトーンなどを通して見ることができます。防衛パーツがクライアントの安全を守ろうとする意図を持ち，助けようと努力してきたことに感謝することで，防衛パーツの存在を認め，同時に，傷ついた追放者のニーズも認めます。幼少期の出来事は，時には極端な感情状態や負荷になる信念という形で，永続的な後遺症を引き起こしています。こうした出来事に到達したら，クライアントのパートナーの前で，クライアントの防衛パーツと追放者を解放することができるのです。

恥の傷を癒す

　次のケースは，恥の傷がパートナーのサポートによって癒されることを説明しています。グウェンとワイアットは，40代後半のヨーロッパ系アメリカ人の異性愛者のカップルで，双子の男の子が大学進学のために家を出た後，セラピーを受けに来ました。過去18年間，息子たちの子育てに専念し，素晴らしいライフスタイルを維持するために働いてきたといいます。しかし，その過程で，感情的，身体的な親密感が失われ，二人の関係はお互いにとって，しばしば不快に感じられるようになっていました。グウェンはワイアットの気を引こうと，彼をけなしたり，恥をかかせたりする癖がありました。ワイアットの防衛パーツたちは，「物事を正そう」とすることで対応しましたが，それでグウェンを鎮めることができないと，だんまりを決め込んでひきこもってしまうのでした。この時点で，このカップルは衝突を避け，会話も途絶え，不満と絶望感を抱くようになりました。セラピーでは，この行き詰まりを打破し，再びつながりを取り戻したいと考えていました。

彼らは自分の特に回避を中心とした防衛衝動と，受容と愛に対する感情的なニーズについて学び，ニーズが満たされない恐れを感じると，どんな葛藤が生じるかについても学びました。セラピストは，二人の反応性が初期の恥の体験と関連していると仮定し，二人の内なる仕事を深めるために，ゆっくりと，敬意をもってサポートを始めました。次のワイアットとの対話が示すように，恥のサイクルのすべてが怒りや非難を伴うわけではありません。もちろん，グウェンも自分の怒りと傷つきやすいパーツを探求する必要があり，セラピストは別の機会にそれを行いました。

グウェン：（イライラしながら）毎日同じことの繰り返しで，もう疲れました。あなたは私と一緒にいたくないようね。

ワイアット：何を言っているんだ？　僕はいつも君と一緒にいようとしてるじゃないか。何が必要なのか考えようとしている。でも，わかるのは，君が怒っていることだけなんだ。

グウェン：それは一緒にいるのとは違うわ。それは，ただの警戒ね。見張って，待っているだけだもの。

　セラピスト：（グウェンへ）あなたには，ワイアットとのつながりを望んでいて，フラストレーションを感じているパーツがあるようですね。どうですか？

　　　　　　　　パーツやニーズをすぐに取り上げて名づける

グウェン：その通りです。

　セラピスト：（ワイアットへ）グウェンとつながろうとしてもうまくいかず，彼女が怒っていると感じるパーツがあるのですね。そうでしょう？

　　　　　　　　　　合意事項の確認

ワイアット：そうなんです！　彼女はいつも怒っています。どんなに頑張ってもうまくいかないのです。

　セラピスト：お二人ともこのパターンにお気づきですか？　グウェンには，つながりを求めるパーツと，その欲求を代弁する欲求不満のパーツがあります。一方，ワイアットには，つながろうと試みても，うまくいったと感じられないパーツがあるのです。そうするとどうなるでしょうか？

　　　　　　　　認識可能な防衛パターンの特定

ワイアット：私は自分の洞窟に閉じこもります。

　セラピスト：（ワイアットへ）あなたが洞窟に入ると，グウェンは不満をあらわにします。彼女が不満をあらわにすると，あなたはさらに後退します。このサイクルが続くとどうなりますか？

ワイアット：あきらめて，完全に姿を消します。
　セラピスト：では，グウェンは何をしているのでしょう？

影響を理解しているかどうか確認する

ワイアット：彼女も消えてしまい，二人とも最悪の気分です。
グウェン：（同意してうなずく）もう何も話すことなんてない感じですね。
　セラピスト：これがあなたたちのパターンです。なぜこのパターンが続いてしまう
　　　　　　のか，あなたのフラストレーションと絶望の下で何が起きているのか
　　　　　　見てみましょう。

防衛パーツの先を見据えることで，追放者に安心感を与える

ワイアット：もちろんです。（グウェンもうなずく）
　セラピスト：グウェン，あなたの不満なパーツは今ここにいるようですね。そうで
　　　　　　しょう？
グウェン：実は，やり直したいのです。悔しさをぶつけてもうまくいきませんよね？
　　　　　やり直せないでしょうか？

　このとき，グウェンは防衛パーツが批判的であることを理解しました。彼女は立ち
止まり，そのパーツからではなく，そのパーツを代弁する機会を求めました。防衛パー
ツがワイアットを傷つけていることを認識し，別の行動を選択したことは，関係修
復に役立ちます。

　セラピスト：（ワイアットへ）グウェンが何か違うことを試してみたいようですが，
　　　　　　いいですか？

許可を得る

ワイアット：（微笑しながら）もちろんです！
グウェン：確かに，私には満たされていないニーズがある。そして，確かに私もそう
　　　　　いうことを伝えるのは上手でないことを認めるわ。でも……。あなたのパー
　　　　　ツは，私が何を望んでいて，何を必要としているかを一生懸命理解しよ
　　　　　うとしている。でも，私のニーズをしっかり理解してくれない。私の中の
　　　　　パーツがそれを不満に思っている。私は世話を焼いてほしいと思っては
　　　　　いない。そして，私がそのことに不満を感じると，あなたは逃げ出し，私は
　　　　　完全に一人になってしまう。
　セラピスト：（ワイアットへ）話を聞いて，どうですか？

Ｕターンを使う。「あなたはどう感じるか？」より，
「何が起きているか」と聞くほうが効果的なＵターンとなる。

ワイアット：正直，混乱しています。どうしたらいいのかわからない。

セラピスト：何かを一生懸命やろうとしているところがありますね。 もっと話してください。

パーツとその活動の名称

ワイアット：私は， 何をやってもうまくいかないのです。 私のやっていることは間違っていて，何か他にやるべきことがあるという感じがします。

セラピスト：何かをしようとするパーツの希望は何でしょうか？

希望，または不安に肉付けして具体化する

ワイアット：ちゃんと理解できるようになること。

セラピスト：グウェンが幸せになるように？（彼がうなずく）それから？

探究を深める

ワイアット：（長い沈黙の後）分からない……。彼女は僕を好きになるでしょう。私もうまくやれたと思うでしょう。 彼女の目に映る私は， 失敗作ではないということになります。

セラピスト：（グウェンへ）このことに気づいていましたか？

グウェン：ちょっと違います。ワイアットが今言っているのは，違うのです。

セラピスト：（グウェンへ） もっと知りたいですか？

グウェン：はい。

セラピスト：（グウェンへ）もしワイアットが今，私と探求の旅に出たら，あなたはその様子を聞くことができますか？

どのパーツも反対しない， 本物の「イエス」を探している

グウェン：はい，大丈夫です。

セラピスト：（ワイアットへ） 今すぐ私と一緒に探求してみませんか？ 失敗したと感じている， このパーツをもっと理解してみませんか？

ワイアット：そうですね。

セラピスト：（ワイアットへ） いくつか気になる点があるようですね。探求し始める前に， それを確認しましょう。

ワイアット：まあいいとは思うのですが。私は， この「パーツを探る」みたいなのは好きではないのです。

セラピスト：わかりますよ。 警戒しているパーツを安心させてあげましょう。 ここではあなたが責任者であり， あなたがどんなことならできるのかを言うことができます。 もしあなたがそうしてくれるなら， 私たちはあなたの心配するパーツに定期的に確認しますし， 彼らはいつでも中断す

ることができます。

ワイアット：それはいい感じですね。

セラピスト：（グウェンへ）あなたは今日，ワイアットの探求に立ち会うことに同意
しましたね。あなたに確認したいことがあります。本当にイエスです
か？　ためらっているパーツはありませんか？

グウェン：ええ，そうです。本当に興味津々です。

セラピスト：（グウェンへ）助けが必要なら私はここにいますよ。

セラピスト：（ワイアットへ）話を聞いていると，あなたのいろいろなパーツが話し
ているのが聞こえました。グウェンの世話をしようとする警戒心の強
いパーツ，衝突を避けてひきこもるパーツ，グウェンの目から見て失
敗したくないと思うパーツがいますね。

ワイアット：そのようですね。今，敗北感を味わっています。

セラピスト：そこから始めたらどうでしょう？　敗北感なのですね。

ワイアット：重いです。

セラピスト：それに集中しても大丈夫ですか？　（彼がうなずく）　その感覚はなじみ
あるものですか？

ワイアット：生まれてこの方，ずっとこの感覚があります。試行錯誤していますが，
なかなかうまくいきません。子育ては別としてね。子どもたちとはうま
くやってきたと思います。仕事もうまくやってきました。でも，人間関
係では負け組です。

セラピスト：裁こうとするパーツがあるようですね。あなたがグウェンとの関係で
失敗したと思っているのでしょうか？

ワイアット：（怒って）明らかにグウェンはそう思っています。彼女はひどく文句を言います。

セラピスト：自分が負け犬だと感じているパーツと，そう感じているときにグウェンを批判するパーツがあるようですね。これらのパーツが少し下がって，とてもつらく感じているパーツに集中できるようにしたいのですが，どうでしょう。

ワイアット：嫌な気分でいたほうがまだいい。

セラピスト：なるほどね。質問していいですか？（彼がうなずく）あなたとグウェンを裁いているパーツが，あなたを負け犬のように感じることから守ろうとしているのは，理にかなったことでしょうか？

ワイアット：もちろん！　こんなことを喜ぶ人がどこにいますか？

セラピスト：（グウェンへ）私たちと一緒にいますか？

グウェン：はい。

セラピスト：さて，ワイアット，これらの裁いているパーツが，柔軟になり，新しいことを試せるかどうか聞いてみましょう。

ワイアット：（目を閉じる）グウェンの無事を確かめたいという気持ちと，彼女から離れたいという気持ちの間にある，居心地の悪い緊張感がある。

セラピスト：先ほど，そのようなパーツがあるとおっしゃいましたね。では，彼らはここにいるのですね。

ワイアット：はい。

セラピスト：グウェンは大丈夫です。彼女はここで私と一緒に好奇心を感じています。少し場所を空けてもらえますか？　そうすれば，審判を下すパーツのチェックを続けられます。

ワイアット：わかりました。

セラピスト：新しいことに挑戦させてくれそうですか？

ワイアット：不本意ながら，まあいいようです。そうか。ここから消されない限りは大丈夫です。

セラピスト：今，何に気づきましたか？

ワイアット：胃に塊があります。これはとても身近なものです。私の母はいつも何かを必要としていて，それは自分で自分に与えることはできなかったのです。私は圧倒されていました。それにしても，あのろくでなしの父はどこにいるんだ！

セラピスト：あなたのお父さんはどこにいましたか？

ワイアット：いつもその辺でろくでもないことをしていましたよ。彼は私に恥をかか

91

せるのが大好きでした。いつも嫉妬深かった！

　セラピスト：ここにあなたのお父さんに腹を立てているパーツがいます。どちらが先にあなたの注意を必要としますか？　怒っているパーツか，それとも負け犬のように感じているパーツでしょうか？

ワイアット：負け犬のようだと感じているパーツです。

　セラピスト：今，そのパーツに対してどのような気持ちですか？

ブレンドの程度の確認

ワイアット：かわいそうな人ですね。

　セラピスト：優しさか，哀れみか？

ワイアット：（両手に顔を寄せて）両方の要素がありますね。（セラピストがグウェンの方を向いて視線を合わせる）

セッション中，パートナーとのつながりを保つ

グウェン：これはとても悲しいです！

　セラピスト：（ワイアットへ）グウェンの声を聞きましたか？

ワイアット：はい，でも憐れむのはやめてほしい。

グウェン：同情なんかしてないよ！　話はよく聞いている。私はあなたの父親をよく知っていますよ。わかっているでしょう。あなたの父親はあなたを滅ぼそうとしていたんだから。

　このときのグウェンの発言は，彼女がブレンドされていないこと，そして心が開かれていることを示すものでした。このような積極的な同調的な傾聴が安全性を生み，プロセスを深めていくのです。

ワイアット：（泣きながら）そうだね。ありがとう。助かるよ。でもここから出たいんです。（目を固く閉じたまま）ひどすぎる！

　セラピスト：いつでもあなたをここから連れ出すことができます。でも，まず今，心の中で誰が圧倒されているのかを確認することはできますか？

安心感を与え，許可を得ること

ワイアット：待ってもらったパーツはすべています。

　セラピスト：彼らに何が起きているのでしょう？

ワイアット：恥ずかしいです。

　セラピスト：もしそのパーツを恥ずかしいと感じることから解放できたら，他のパーツにも効果があるでしょうか？

ワイアット：それは大きな安心材料になりますね。

セラピスト：わかりました。皆もそれを許可してくれますか？

ワイアット：はい，大丈夫です。

セラピスト：私が聞いたところでは，ワイアットの母親は君に面倒を見るようプレッシャーをかけ，父親は君に屈辱を与えたそうですね。そのとおりですか？

ワイアット：まさにそのとおりです。

セラピスト：このように圧力をかけられ，恥をかかされた少年を見ることができますか？

ワイアット：はい。

セラピスト：彼に対する気持ちはどうですか？

ブレンド解除の確認

ワイアット：私は彼のことを気にかけています。

セラピスト：一緒にいて大丈夫ですか？（ワイアットが大きく息を吸ってうなずく）彼は何歳ですか？

ワイアット：いろいろな年齢層に見えます。

セラピスト：彼はあなたをどこまで戻せそうですか？

ワイアット：3歳まで。

セラピスト：3歳児が見えますか？　声が聞こえますか？　感じることができますか？

ワイアット：彼を感じます。

セラピスト：彼に対する気持ちはどうですか？

再度ブレンド解除を確認する

ワイアット：私はオープンです。

セラピスト：その頃の彼は，大人から何を求めていて，何を得られなかったのでしょう？（グウェンと目を合わせ，グウェンはうなずく）

パートナーとのつながりを大切にする

ワイアット：彼は子どもである必要があったんだ！　物じゃないんだ。

セラピスト：もちろんそうです。あなたが理解していることを彼に伝えてもらえますか？

ワイアット：（目を開けてグウェンを見る）間違うのが怖いんだ。それは分かる気がする。危険なことがたくさんあった（グウェンはうなずく）

セラピスト：できればもう少し一緒にいてあげてください（ワイアットが目を閉じる）彼はあなたにどう反応しますか？

ワイアット：私がここにいることを喜んでくれています。

セラピスト：彼は自分自身について何を信じるようになったのでしょうか？

ワイアット：なるほど。彼はすべてが間違っていて，無価値だと感じていました。

セラピスト：彼はそれを手放す準備ができていますか？（ワイアット，うなずく）あなたの身体で何が起きていますか？

自律神経の活性化のレベルを確認する

ワイアット：妙にリラックスしている気がする。

セラピスト：彼は今どこにいるのですか？

ワイアット：そう……。彼はただ私と一緒にいたかったから，そこから出たようです。彼は私と一緒にいます。

セラピスト：間違っているとか自分は価値がないといった負荷を手放す準備はできていますか？（ワイアットはうなずく）彼はどうしたいのでしょう？

ワイアット：（泣きながら）彼はとても幼いのです。息子たちを抱くように，彼を抱いています。彼から何かが出て行っているのがわかります。これで大丈夫でしょうかね？

セラピスト：彼は大丈夫ですか？

ワイアット：はい。大丈夫のようです。彼もよい感じです。

セラピスト：彼は今，何を必要としているのでしょう？

ワイアット：私の腕の中で安心して眠れること。彼はただ，私と一緒にいたいと思っているんです。

セラピスト：裁いてばかりいるパーツや，警戒心の強い世話好きなパーツは，今どうしているのでしょう？

ワイアット：今のところリラックスしています。

セラピスト：彼らはいつか自分の話をする機会を持ちたいと思っているようですか？

ワイアット：そうだと思います。見てみましょう。

セラピスト：はい。彼らが何を必要としているか見てみましょう。彼らはあなたに知らせてくれるでしょう。それが正しいと感じたら，道を戻るようにしましょう。ゆっくりやってください。

　ワイアットが傷ついた少年に愛情を持って接した後，このカップルはセッションの残りの時間を使って，ワイアットが幼いとき，慢性的に恥をかかされていたため，その体験がワイアットに自分は恥ずかしい存在だと思わせ，それが彼の特徴的な対処法につながり，二人の今の生活に影響を与えていたことを理解しました。

セラピストが関係性のミスをしたとき[*1]

　ほとんどのクライアントは，セラピストが権威ある立場にいることを認識しており，それをセラピストのリソースとしての影響力と行動力と定義します（Barstow, 2005）。権威に値するためには，私たちは善意以上のものを必要とします。私たちは，自分の役割を明確にし，関心を持ち，思いやりを持って受け入れる必要があるのです。治療関係における力の差を理解し，自分の間違いがクライアントにどのような影響を与えるのかに敏感である必要があります（Barstow, 2005）。治療関係も含めて，すべての親密な関係では，つながりのずれ，同調のずれ，傷，そして葛藤が生まれるものです。行き違いや間違いは，人間関係の中で避けられないものです。

　セラピストの仕事は，自分の役割と行動に責任を持ち，必要に応じて亀裂を修正することです。信頼を回復し，つながりを更新し，関係を強化するやり方のモデルが必要です。状況によって，いろいろな間違いが起こりえますが，以下はセラピストによくみられるパーツです。

- クライアントの防衛パーツを権力闘争に巻き込む
- 何らかの理由でうまく同調できず，クライアントが共感されていないと感じる
- 暗黙の偏見が起因となって，無意識に差別する
- お金やスケジュール，提供できるものとできないものなどについて明確にしない
- クライアントからフィードバックを受けると身構える
- クライアントの許可を得ずに，自分の経験を話す
- 治療関係が相互のものでないことを認識していない
- エロティックな転移や逆転移を適切に扱えない

　私たちが肯定的な意図を持っていたとしても，クライアントに否定的な影響を与えることがあります。治療的介入の実際にどう影響したか，そして，関係性の断絶を引き起こしたかどうかは，クライアントのパーツが自由に表現してくれない限り，知ることはできないでしょう。私たちは，注意深く耳を傾け，自己防衛をせず，自分たちの影響に好奇心を持ち続けることで，パーツに安心してもらいます。さらに，

[*1] このセクションの考え方と観察には Michele Bograd, PhD が貢献してくれました。感謝します。以下では，彼女の考え方のいくつかを言い換えて表現しています。

私たちは，クライアントが話を聞いてもらったと感じることを大切にしており，「もっと話したいことはありませんか」と繰り返し確認し（Barstow, 2005），クライアントの防衛パーツがブレンド解除する気になるまで，本当に言いたいことを言うのを待つように心がけることが必要です。

　対人関係で適切な境界を守るようにすることは，間違いが起きる可能性を減らし，間違いが起こったときの影響を軽減します。よい境界線は安全な雰囲気を作り出し，治療同盟に不可欠です。関係性の中で最も資源を持つ者として，境界を設定し，伝え，維持する責任を負っています。クライアントは，この境界線を作るのを手伝うこともあるでしょうし，境界線に関して彼ら自身の感情や問題を持っているかもしれません。どのような場合であっても，境界線の維持は私たちの仕事です。以下は，その例です。

アイリス：今まで「ノー」と言っても，それを尊重してもらったことなんか一度もありませんでした。何度も無視されてきました。

セラピスト：あなたの「ノー」は，私にとっても「ノー」という意味ですよ。パーツが「ノー」と言ったときには，そのパーツが懸念していることを互いに理解し，ここが安全だと感じるまで，探っていきましょう。この点については十分誠実であるように努めますね。よろしいでしょうか？

アイリス：はい，それなら大丈夫です！

　しかし，積極的な意図とよい境界線を維持していたとしても，関係性における行き違いは治療関係に影響を与える可能性があります。修復するということは，クライアントの安全が最優先であること，クライアントの感じている現実に価値があること，そして，力の上下関係が排除されていることを示すということです。対立や難しい会話を避けようとして，表面的に謝罪するのではなく，間違いを認め，誠実に修復することが必要です。防衛的になったり，自己を卑下したり，クライアントをなだめたりすることなく，自分の行動に全責任を持つことで，一致し，存在し，ブレンドしていない存在になる方法を示すことができるのです。もしクライアントに，関係性におけるあなたの間違いを救おうとするパーツがあったら，その恐れを感じているパーツを助けるように頼んでください。そのパーツがリラックスして，怒りや傷，混乱を感じているパーツのために話すことを促しましょう。もちろん，

間違いは，私たち自身の批評家を活性化して，批評家が内部で攻撃に出ることもあります。私たちは，次のような防衛パーツを持っている可能性があります。

- 完璧でないことは恥ずかしいことだとなじる。これは対人関係の維持に支障をきたす。
- 追放者が感じる恥ずかしさに内面的に反応して活性化し，クライアントに対して怒りの反応を見せる。
- 間違いを認めることは，セラピストとしての力がないということを認めることだと考える。
- 相手に一本取られたと感じ，無力感を持つ。
- ミスを認めると，クライアントの尊敬を失い，影響力を失うことになるのではないかと不安になる。

これらの課題を克服するためには，今後パーツを探っていくことを約束し，ミスをしたパーツを許してあげることをお勧めします。また，修復は安全性を高めるための継続的な作業ですので，クライアントには定期的にフィードバックしてもらうようにお願いしておきます。最後に，必要なときにはスーパーバイザーのコンサルテーションを受けましょう。

フェーズ3：終結 ● ● ● ●

IFIO の最終段階では，すべてのカップルがいつかは経験する「裏切り」を許し，傷を癒す手助けをします。裏切りとは，同調がうまくいっていないような，小さなものも含みます。また，不倫のような裏切りも，非常に重大な結果を招きかねません。大なり小なり，未解決の傷が繰り返されることで，心を守るパーツは，心の防衛のために多くのリソースを費やすことになります。関係性が悪化すると，カップルは互いを支えやリソースではなく，敵対者として見るようになります。信頼関係を取り戻すためには，傷つけた行動について責任を取るための安全な方法が必要です。セラピーの最終段階では，裏切り，謝罪，許しに関してカップルがしばしば遭遇する体験，感情や信念を解き明かします。

修　復

　　多くの場合，償いをするのに苦労するのは，防衛パーツが修復を妨げる様々な歪みを抱えているからです。例えば，謝ることによって以下のことを連想してしまう防衛パーツがいる場合があります。

- 不相応な，あるいは耐え難い非難を受け入れること。
  - 「タンゴを踊るには2人必要だ。どちらも悪いのに，私だけが全責任を取れば，彼女はおとがめなしになってしまう」
- 将来の様々な危険，特に恥をかくことになると心配する。
  - 「『ごめんなさい』などと言おうものなら，後でそれを逆手に取られるはずだ」
- 過去に慢性的に価値を認めてもらえなかったため，今正しい存在であることを主張する。
  - 「私が正しいのに，なぜ謝らなければならないの？」

　　防衛パーツがこのような歪曲を助長すると，人は互いの意見を聞くことなく，また完全で真の修復をすることなく，先に進む傾向があります。ひどく謝ったり，逆ギレして相手を責めたり，不誠実に自己卑下したり，傷ついた自分の行動を正当化しようとしたりします。このようなことをすると，傷は膿んだままとなり，パートナーの警戒心を高めることになります。親密さを維持するためには，修復が不可欠です。そこで，IFIOでは，回避的で刺々しい防衛パーツに，新しいことに挑戦してもらいます。具体的には，Selfとのブレンドを解除し，Selfと出会うように求めます。もし防衛パーツがこれをする準備ができていないのであれば，彼らの懸念に耳を傾け，それを認めます。しかし，受け身で話を聞くのではありません。代替案を提示する許可を求め続け，私たちの提案が，追放者だけでなく防衛パーツにとっても有益なものになることを約束し続けるのです。

　　修復を行う際には，クライアントが恥と罪悪感を区別できるようにします。恥と罪悪感は，どちらも自意識の感情を引き起こしますが，基本的に異なるものです（Lewis, 1974）。恥は，「私が悪いのだ」といった，すべてを否定するような自己批判を伴うのに対し，罪悪感は，「私は悪いことをした」といった，特定の行動に対する責任を受け入れることに焦点を当てています。恥は，回避，中毒，非難といっ

た不適応で自己破壊的な行動と関連していますが，罪悪感は，「私は罪を犯したので，あなたに謝罪しなければならない」といったかたちで修復し，つながり直すことを促します。

　昔から，メンタルヘルスの分野では，罪悪感と恥を混同して書かれたものが多いため，多くのクライアントがそれに倣（なら）っています。この2つの違いを理解することで，クライアントが多くの恩恵を受けるのです。私たちの多くは，いざというときに，罪を犯すような自分を防衛するパーツを持っており，Uターンすることで，そのパーツとその行動に責任を持つことができます。罪悪感は，自分が罪を犯したかどうか，どのように罪を犯したかを評価するための合図です。相応の罪悪感を持っているクライアントを安心させたいわけではありません。むしろ，極端な防衛パーツからブレンド解除する手助けをしたいのです。罪悪感を持っているパーツから話を聞き，罪を犯したパーツを気遣い，損害を与えた人に賠償をするなどして，自分の行動に責任を持ちます。

　また，自己批判的なクライアントを安心させようとしても，そうした効果は長続きしないため，あまり効果はありません。私たちは皆，恥をかかせるパーツを持っています。恥に苦しんでいるパーツ，つまり追放者が，クライアントのSelfともっとしっかり結びつき，安心できるまで，恥をかかせるパーツは，ずっとその仕事をし続けるでしょう。こうした恥の連鎖を止めるには，手厳しく批判してくる防衛パーツがクライアントのSelfが追放者をケアすることを許してくれるように，促していくことが必要です。辛らつな防衛パーツが，Selfの働きを許してくれれば，Selfは，極端な防衛パーツがブレンド解除するのを助け，彼らを慈しみ，彼らがお互いに与えている影響や，他の人々に与える影響に気づくように誘うことができるのです。防衛パーツが罪悪感を認識することができれば，クライアントは真の修復をすることができます。

許　し

　IFIOの観点からみると，許しには時間がかかり，またそのやり方も人それぞれ違います。いわば，防衛パーツが負荷を手放すのを助けるプロセスです。防衛パーツが負荷を手放すことができれば，クライアントは悲しみを感じ，悲嘆にくれてい

たとしても，そこから心を開いて前に進むことができます。それは有害な行動を容認したり，有害な行動を無罪放免にしたり，境界線を無視したり，繰り返し傷つけられたにもかかわらず，関係を維持したりすることではありません。クライアントが思いやりを育み，自分自身を優しく包み込むようになると，裏切りを許し，修復することがより容易になります。しかし，防衛パーツが極端で不信感が強いほど，これには時間がかかり，より困難なものとなります。

　深刻な裏切りの後にセラピーに来るカップルは，しばしば卑屈になったり，ひきこもったり，抑うつ的になった崩壊の状態であるか，または，怒りや復讐に燃えるなど活性化した状態であったり，さらには，崩壊と活性化の両方を見せることもあります。崩壊や怒りの根底には，人生の早期に受けた混乱や癒されていない傷があることがわかります。その結果，許しの最初のステップでは，まず脆弱な追放者を見つけることに集中し，圧倒しないように支援することを防衛パーツに約束します。それから，優しく敬意をもって，それぞれのパートナーと，二人合わせたカップルにとって許しが何を意味するのかを探っていきます。もし，Self が追放者へアクセスし，癒しを与えることを防衛パーツが許せば，回避，否定，復讐の衝動は消え去り，パートナーは悲しむことができるようになります。

　しかし多くのパートナーは，許すことを恐れます。過去を忘れることについては，「許して忘れるってこと？　私は忘れたくない！」などと思ったり，「この行動を許せば，また同じことが起こる。私はカモにされる」など，許した後には自分がもっと弱くなってしまうと懸念します。さらに防衛パーツは，時に許しを憂慮すべき結果と結びつけます。例えば，復讐心に満ちたパーツは，正義を貫くためには報復すべきだという考えを捨てても大丈夫だと安心させてもらえなければ，許すことを受け入れません。たとえば，復讐心を持つパーツは，「あいつをこのまま逃がせというのか。彼も苦しむべきだ！」と考えるのです。また，怒りのパーツは，正義がもたらす身体的に大きくなった感覚や，感情的な混乱を手放さなければならず，もしパートナーを許したら，自分が落ち込んでしまうと心配します。警戒心の強いパーツは，クライアントがリソースのない子どもだという恐れを手放さなければなりません。そのパーツは，「私が守らなければ，誰が守るのだろう」と思っています。

許しを話題にすると，安心感を必要とするパーツや，助けを必要としながらも隠れたままになるパーツが燻り出されます。修復のプロセスが始まったら，パートナーは恥をかかせるパーツや恥ずかしいと感じるパーツを持っていることが予想されますし，すべてのカップルが私たちと同じように裏切りを見ているわけではないことも覚えておく必要があります。裏切りを扱うセラピストは皆，自分自身の裏切り，特に不倫に対する経験や見方に留意しなければなりません。セラピストとして，自分自身に問いかけてみてください。

- 裏切りに対してどのような信念を持っているだろうか？
- 傷つけたパートナーをどう見ているだろうか？
- 傷ついたパートナーをどう見ているだろうか？
- 婚外恋愛は症状だろうか，それとも何かを癒そうとして行われたことなのだろうか，あるいはどちらでもないのか？
- 裏切りの情報開示のやり方が自分に変化をもたらすだろうか？

カップルが深刻な裏切りを解きほぐし始めると，自分自身が二極化されることを前もって理解しておきましょう。加えて，以下のような間違いがよく起きやすいので，避けるように気をつけましょう。

- 信頼関係の崩壊に対処する前に，長年の不満に焦点を当ててしまったり，親密さを構築しようとしたりしてしまう。
- カップルに対して，どのような修復のプロセスを考えているか説明しない。
- 傷ついたパートナーの怒っている防衛パーツがブレンドを解除せず，セラピーを支配し続けるのを許してしまう。
- 傷つけたパートナーが傷ついているパートナーに対して，過去の罪を責めたり，早急に責任を取るよう求めたりすることを許してしまう。
- 無理に許しを押しつけてしまう。
- 自分の中の指針を持っているパーツとブレンドしてしまい，カップルが何を望んでいるのか，何を必要としているのかがわからなくなってしまう。

裏切り，修復，そして許し

　セラピストは，治療の最終段階を円滑に進めるために，以下の IFIO の質問をすることができます。

- 「今の気分はどうですか？」
- 「それぞれの希望は何ですか？」
- 「どのような結果が出たら成功したと思いますか？」
    - 彼らのパーツに耳を傾ける。
    - 今現在，各パートナーがどの程度修復に意欲的であるかを測定する。
- 「セラピストやコーチを頼んだり，お互いに修復ワークをしたことがありますか？」
- 「裏切りはまだ続いていますか？」あるいは，「浮気は終わりましたか？」
- 「この件について話をしましたか？　その結果，どうでしたか？」
- 「この件はどうやって分かったのですか？」

修復と許しのための IFIO のメソッド

　多くのカップルは，亀裂が大きかろうが小さかろうが，修復するための青写真を持ち合わせていません。修復のない対立や裏切りは，二人の関係を悪化させ，負荷をかけ，その結果，信頼を失い，心のつながりが希薄になります。このセクションで説明する修復の 7 つのステップは，小さなことから重大なことまで，ありふれた違反を含めてすべての裏切りに使うことができます。修復には数分で済むこともあれば，数年かかることもあり，カップルによって様々です。防衛パーツの過去や相手に対して持っている意味づけや，傷つけられたり恥をかかされたりすることへの恐怖が，謝罪や許しを難しくします。しかし，パートナーが別れを決意したときでも，自分のパーツを許し，愛すること，そしてお互いに謝り，許し合うことは，変容をもたらします。

　心のこもった修復にはさまざまな形がありますが，ここで紹介する 7 つのステップは，各パートナーが自分のパーツのために話し，心から耳を傾け，互いの痛みに共感し，有害な行為に責任を持つ能力を高めることに焦点を当てています（Herbine-Blank et al., 2016; Springs, 2004）。この 7 つのステップは，関係性の痛みから

深刻な裏切りまで，傷を癒す効果がありますが，カップルは自分のペースで，時には直線的ではなく循環的に進む可能性があります。なぜなら，このプロセス中で，恥の感覚が惹起されることがあり，多くのパーツが注意を必要とするかもしれないからです。カップルを7つのステップに導く前に，内的システムの機能における，以下のような基本コンセプトを説明しましょう。

- パーツをコントロールすることはできません。
- パーツは，私たちとブレンドしているときに私たちをコントロールすることが可能です。
- パーツのブレンド解除を助けることは，パーツと関係を持つための鍵であり，セラピーの進歩の鍵でもあります。
- 私たちは，目立つ極端なパーツだけでなく，はるかに多くのパーツを持っています。
- 他人や自分が大きな代償を払う可能性があったとしても，極端なパーツは，自分の行動はその人を守るために不可欠なもので，そしてほとんど譲歩の余地がないものと見なします。
  - 先回り型の防衛パーツである管理者は，常に外部と内部の両方の関係を管理しようとします。その行動にはコストがかかりますが，彼らの意図は善意です。
  - 反応型の防衛パーツである消防士は，内部の急激な変化に焦点を当て，外部の結果についてはほとんど気にしません。例え，彼らの行動が破壊的であったとしても，その意図は善意です。しかしそれは，自分たちのためであって，他の人のためではありません。
- 私たちは，すべての極端なパーツを知り，理解し，助けることができます。極端なパーツは見当違いをしていることもありますが，悪意はありません。
- 自分のパーツの行動に対して全責任を負うことで，自分自身を完全に許すことができます。
- 防衛パーツから信頼を得られれば，私たちは問題を解決するために提案ができます。これは，感情的な苦痛を回避するための根本的な必須条件です。

さらに，セラピストは許しのプロセスと性質について，以下のような重要な点を

強調するべきです。第一に，人は許しについて矛盾した考えを持っていることです。つまり，パーツは不一致であり得るのです。加えて，許しは忘却を伴わず，違反者の結果責任を変えるものでもありません。それに一切の例外はありません。むしろ，許すということは，クライアントが自分自身とパートナーに対して思いやりを示す必要があります。クライアントが許す過程で，怒りや憤りを解放すると，彼らは癒され，直接恩恵を得ることができます。

　セラピストは，IFS と許しに関するこれらの重要な点を確認すれば，修復の７つのステップを紹介する準備が整ったことになります。ここではこれらのステップを要約していますが，マニュアルの随所で図解します。

1. 双方のパートナーのために安全性を確保します。最初のうちは，セラピストはプロセスを優先して内容を避け，対立するカップルのどちらかの味方になってはなりません。怒り，傷，裏切り，恐怖，恥など，あらゆる種類の感情について，二人を助けることができるように安心させます。

2. パーツのために話し，心から聴きます。新しい話し方や聴き方を確立することによって，内的・外的に恥をかかせるのを解消することを目的としている点を説明します。そして，自分のパーツのために話し，心から聞くことができるように，ブレンドの解除について教えます。

3. 自己探求と自己を全^{まっと}うすることによって，全責任を負います。はじめは，傷ついたパートナーは聴き手となり，傷つけたパートナーが話し手になります。聴き手である傷ついたパートナーは，自分のパーツのブレンド解除を助け，心から聴くことができるようにします。傷つけたパートナーは話し手となり，害を与えたパーツと，害を与えたことを内心で恥じているパーツに気づきます。そして，害を与えたパーツのブレンド解除を助け，Ｕターンします。必要であれば恥じているパーツも助けます。次に，役割を交代します。傷つけたパートナーは，今度は聴き手になり，必要なら助けを借りながら，心から話を聴きます。必要に応じて内部で活性化する恥をかかせる防衛パーツを助ける時間をとるようにします。傷ついたパートナーは，話し手となり，防衛

パーツのブレンド解除を助け，傷つけたパートナーの行動の影響について防衛パーツの声を代弁します。

4. 和解します。誠実な謝罪をするために，傷つけたパートナーは，極端なパーツとのブレンドを解除した状態で，傷ついたパートナーがどのような影響を受けたかについて，理解します。もし，傷つけたパートナーの防衛パーツの反応が，「私はとても悪い」といった，恥に基づくものであれば，もっと多くの助けを必要とします。しかし，その反応が罪悪感に基づくものであれば，傷つけたパートナーは自分の行動を心から反省しており，防衛パーツは変わろうと思っていることがわかります。このプロセスを通じて，傷ついたパートナーは耳を傾けます。

5. 意図を設定します。傷つけたパートナーは，自分のパーツを助けるための計画を詳しく説明します。傷ついたパートナーはそれに耳を傾けます。

6. 許します。ここで，傷ついたパートナーが謝罪を受け止め，許しを考慮する余地があるかどうかを探ります。傷ついたパートナーが許すように無理強いしません。傷ついたパートナーが許すことを拒否した場合，相手は永久に慈悲を乞うように要求されていると感じる可能性が高いです。この場合，許されていないパートナーがUターンし，反応的なパーツとブレンド解除し，Self主導でこの結果に取り組めるように，追放者に注意を払うのを助けます。

7. 責任を共有しながら，それぞれの生育歴を理解します。傷ついたパートナーが，争いの責任を共有できていないと考えているときには，Uターンすることを助けます。そして，歴史に根ざして偏った責任観を持つようになったパーツたちの意見に耳を傾けることができるようにします。

　最終的には，パートナーが自分たちの関係を，追放者パーツのニーズを基盤にした共同創造であると考えるようになることを望みます。セラピーのプロセスは，それぞれのパートナーが，追放されたパーツのニーズを満たすのを助け，相互の好奇

心と尊敬を基礎として，外的関係を再構築できるようにします。しかし，傷ついたパートナーは，相互の責任について話し合う用意ができていなければなりません。傷の程度にもよりますが，これには長い時間がかかることがあります。

裏切りと修復

　次の事例は，あるカップルが裏切りを体験した際，それに続く修復のプロセスをセラピストと共に行った際の様子を表しています。ボブとジュディスは，60代半ばの異性愛者。ヨーロッパ系アメリカ人のカップルで，結婚して32年になっていました。子どもたちも大きくなりました。ボブが一連の不倫をした後，二人の結婚生活が継続できるかどうかを決めるために，セラピーに来ました。以下は，IFIOのセラピストとの2回目のセッションからの抜粋です。

　　セラピスト：ようこそ。お二人から先週のセッションと，その後の様子についてお伺いしたいと思います。どなたから始めますか？

ジュディス：（ボブを見る）気分転換に始めたらどうですか？

ボブ：話したくはないですね。

　　セラピスト：（ボブへ）話さない方がいい？ それについてもう少し詳しく教えてください。

ボブ：（頭を下げてため息をつく）安全とは感じられないです。

　　セラピスト：なるほど。今は話すのは危険だと思うのですね。

ジュディス：でも，ボブは不倫や他に無数の悪いことをしても安全なんでしょ？

　　セラピスト：ジュディス，話に割り込みますね。先ほど，あなたはボブから話を聞きたいと言いましたね。ですから，彼と私が会話をして，それから，今日何が一番役に立つかを私たち3人で決めましょう。どうでしょう？

しっかり会話の舵を取り，リフレーミングを行う

ジュディス：はい，そうですね。ありがとうございます。誰かが彼と話をしてくれると助かります。

　　セラピスト：ボブ，先週はパーツという考えを紹介しました。（彼がうなずく）私は，あなたには恐れているパーツがあるということを聞いています。

ボブ：私の中の多くのパーツが恐れています。

　　セラピスト：その恐怖を代弁していただけませんか？

ボブ：いつもケンカになってしまうから，しゃべらないほうがいい。

　　セラピスト：自分に言い聞かせるように言っているのですね？「しゃべらないほうが安全だ」と？

ボブ：そうです。それも私のパターンです。

セラピスト：黙っているのがパターンなのですか？

ボブ：そうです。

セラピスト：自分のパターンをより意識するようになってから，黙っているときにジュディスの中で何が起こっているかにも気づいていますか？

ボブ：彼女は怒りますね。

セラピスト：あなたが話すと安全でないと感じるパーツがあるのですね。でも黙っているとジュディスは怒るので，いずれにしてもうまくいきませんね。私の言っていることは合っていますか？

ボブ：その通りです。

セラピスト：あなたのジレンマについては後で話しますが，ちょっと今はジュディスの様子を確認しますね。（ジュディスへ）あなたに何が起きていますか？

ジュディス：絶望的な気分よ。欲しいもの，必要なものが絶対に手に入らない。

セラピスト：私の考えが正しければ，あなたは悲しみや絶望を感じるパーツと接触していますね。しかし，先週話した怒りとの接触は少ないのですね？

ジュディス：実を言うと，いつも怒っています。その方が安全ですからね。

セラピスト：なるほど。しかし，この瞬間，絶望と悲しみ，そしてボブから欲しいものや必要なものが決して得られないという信念にも触れています。

そう感じるのはもっともなことだと認め，それを伝える

ジュディス：そうです。まさにその通りです。

セラピスト：ボブ，これを聞いてあなたはどう感じますか？

ボブ：ここから出て行った方がいいような気がします。彼女は悲しいのか何なのかわかりませんが，長年の怒りや恨みを晴らすのを待っているのです。何度も聞いた話なので，もう聞く気になれません。

セラピスト：それは私にもよくわかりました。

認めることでブレンド解除をサポートする

ボブ：ありがとうございます。

セラピスト：先週のことですが，ジュディスには，理由があって怒るパーツがあり，ボブには，理由があって背を向けるパーツがあります。そして，ジュディスは，ボブの距離の取り方には，他のことも含めて，何年も不満を持っているということですね。

ジュディス：そうです。ありがとうございます。本当にそれ以外にも，長年いろいろなことがあるのです。

セラピスト：お二人とも，話を聞いてもらいたい，理解してもらいたいと思っているパーツがある一方で，行き詰まっているのですね，紛れもない事実として。怒りと絶望で，本当に必要な会話をすることができないとい

うことで，私の理解は合っていますか？（二人はうなずく）

正確なチェックとパーツ言語の使用

セラピスト：（続いて）あなたは他の何人かのセラピストに会った後，私に会いに来ていますね。もう一度お聞きしますが，セラピーをもう一度やってみたいという希望は何ですか？

セラピーを受ける決断をしたパーツの希望を聞く

ボブ：どうでしょう。まだ何かが変わるかもしれないと期待しているようです。

セラピスト：それは何でしょう？

治療のこの段階を前進させるための明確な方法を探す

ボブ：それは，本当にわからないのです。もしかしたら，すべての怒りを乗り越えて，結びつきが生まれるようなものかもしれません。

セラピスト：「怒り」というのは，ジュディスだけでなくあなたの怒りも意味していますか？

ボブ：そうです。

セラピスト：ボブ，あなたも怒っていることを認めているようですね。この行き詰まりは，怒りと憤りの間を行ったり来たりしていることが含まれています。あなたには，不倫を含め，さまざまな方法であなたを引っ張っていくパーツがありますね。

ボブ：そうです。

セラピスト：ジュディス，もう一度セラピーを受けたいとのことのですが，何か希望はありますか？

ジュディス：私の希望は，彼が浮気したり，私を愛していないと思わせるような行動をやめてくれることです。

セラピスト：ボブには今とはもっと違うことをしてほしい，ボブに愛されていると感じたい，と願っているようですね。また，別のセラピストとのセラピーを試したいと思っているパーツもいるようですね。もしこれが成功したら，あなたは自分自身や二人の関係に対してどのような結果を望むのでしょうか？

ジュディス：一緒にいたいかどうか，確かめたいのです。

セラピスト：確かに，知りたいですね。（一人ずつ見て）ここに座ってから今までの間に，身体に何が起きていましたか？　何を体験していますか？

自律神経の調整とブレンド解除の確認

ジュディス：（長いため息）私は落ち着いています。緊張していません。（少し沈黙する）

私は実際にあなたの話しの多くを聞くことができると思います。 座った
ときには動揺していたので， 集中できませんでした。 私たちを助けるこ
とができるかどうかを確かめていたのですか？

　セラピスト：私は， あなたたちの力になれると信じています。

ジュディス：私たちが助けを求めているかどうか， 疑問に思っているのですね。

　セラピスト：その通りです。 推測するに， ジュディス， あなたが少し落ち着いてい
　　　　　　　るとき， あなたの脳はより多くの情報を取り込み， 処理することがで
　　　　　　　きるようですね？

ジュディス：その通りです。

ボブ：今， 自分の中で何かが少し変化したことに気づきました。 ほんの少し， 希望が
持てるようになったようです。 そんなことを言うのは非常に危険な気がします
が， そうなのです。 私たちの関係を悪くしている問題について， 私だけではな
くジュディスも責任を取ってくれるかどうかも気になります。

　セラピスト：ボブ， ちょっとここはスローダウンしましょう。 そして今起こったこ
　　　　　　　とに興味を持ちましょう。 まず， あなたが危険を冒して， とても傷つ
　　　　　　　きやすいことを言うのを聞きました。 それから， そのすぐ後に， 別の
　　　　　　　パーツがジュディスについて何か言っているのを聞きました。

ボブ：確かに私は， 二人の関係の中で， 本当に傷つけるようなことをたくさんしてき
ました。それは認めますが， 私だけではありません。

　セラピスト：だから， 自分だけを悪者にはしたくない， そうですか？

ボブ：その通りです。

　セラピスト：あなたには， 自分が悪いと思い込んでいるパーツがあるとおっしゃっ
　　　　　　　ているように聞こえます。

パーツ言語への回帰

ボブ：もちろんです。

　セラピスト：それはどんな感じですか？　自分が悪者のように感じるのは？

ボブ：いい感じではないですね。

　セラピスト：そのパーツは今ここにいますか？

ボブ：はい，全身で感じています。とても情けないです。

　セラピスト：あるパーツが恥ずかしく感じている一方で， 別のパーツがあなたの気
　　　　　　　をそらし， ジュディスにも不快感を持ってもらいたいと思っているよ
　　　　　　　うですね。 私の理解は合っていますか？ （ボブは考える間をおいてか
　　　　　　　らうなずく）

防衛パーツと追放者がペアになっていることの指摘

　セラピスト：（続いて） ですから， そのパーツを安心させてあげたいのです。 もし私
　　　　　　　とカップルセラピーを続けることを選んだら， いずれあなた方の関係

の全歴史へ足を踏み込むことになるでしょう。　でも今は，　ここで起きていることに留まっていたいのです。（ジュディスへ）聞いている間，何が起きていますか？

ジュディス：（長い沈黙）ボブの言っていることを信じようとしています。彼は私に責任を取ってほしいみたいですが，　私は彼に責任を取ってほしいのです。彼は，　私たちの関係を損なうようなことをたくさんしてきたと認めています。

セラピスト：ボブがあなたを傷つけたと認めるのを聞いて，　この瞬間はどんな感じですか？

ジュディス：良いことも悪いこともあります。　一方では，　認めてもらうことは気分がいいものです。　一方では，　痛みや怒りが湧き上がってきます。　そのことを考えたり，　聞いたりするのは好きではありません。不倫のこと，　他の女性のこと……。

セラピスト：ボブ，　あなたはいくつかの選択をしてきたようですね，　不倫もその一つですが，　それはとても彼女を傷つけるものでした。　他のセラピーでは，　そのダメージを修復するために役立ったものはありましたか？

ボブ：（首を横に振って）あったかもしれませんが，覚えていません。

ジュディス：何の話かわからないわ。何の話しているのですか？

セラピスト：私が信じていることをお話ししましょう。　裏切りによって一人が深い傷を負ったとき，　裏切り以前の関係で何が起こっていたかを考える前に，　その裏切りによってできた傷を癒す必要があります。　これが重要だと思います。

ジュディス：なるほど，　そういう考えは今まで聞いたことがないわ。（ボブを見る）覚えはないわね。

ボブ：私も聞いたことがないです。でも筋は通っています。（ため息）

セラピスト：そのため息について教えてください，ボブ？

ボブ：まあ，　あなたなら私たちに付き合えるかもしれませんね。　もしかしたら，　実際に助けてくれるかもしれません。

セラピスト：傷ついた心に寄り添い，　二人の関係の苦しみに立ち会って，　癒すことができるかもしれない？

ジュディス：あなたが提案するものは，　他のセラピストとは明らかに違います。　今まで受けてきたダメージの修復が必要です。

受動的な声に注意する：ジュディスは，どんなダメージについても，
自分の役割を考える準備ができていない

セラピスト：修復は楽観的な目標です。　私が使っている修復プロセスについて少しお話したいと思います。

IFIO の修復の流れを簡単に説明することを提案する

ジュディス：それはいいですね。

ボブ：はい，お聞きしたいです。

　セラピスト：難しい話をすることもあるでしょうが，恥をかかせたり非難したり，崩れ落ちたり，逃げたりしないように，ちゃんと伝えるようにしますね。自分のパーツを代弁し，心から耳を傾けることを伝えることができる。ボブ，これはジュディスがあなたの浮気から受けた影響の説明を聞くことも含んでいます。そして，私はこのプロセスを可能な限り安全に進めるようにします。ジュディスに共感し，後悔を感じ，癒しのためにジュディスが何を必要としているかを発見できるようになってほしいのです。あなたの探求は，あなたに代わってパーツがした選択に目を向け，責任を取ることです。また彼らの動機も理解します。そしてジュディス，あなたは非常に怒っていて，傷ついていて，屈辱を感じ，絶望的で，怖がっているパーツを持っています。そうですね？

ジュディス：あなたの言うとおりです。すべて感じていたことです。でも，あまりに傷つきやすさを強く感じると，怒りがこみ上げてきます。怒ったほうがましです。

　セラピスト：怒ると力が湧いてくるのはわかります。怒りを必要とするパーツに対する私のアプローチは少し異なります。あなたが持っているすべての感情を表現できるようにしたいのですが，ボブが理解できるような方法で表現することが必要なのです。彼のパーツは自分の影響を理解し，彼が責任を持って修復できるように，彼に手綱を返すことを望む必要があります。

ジュディス：私もそう望んでいます。怒りの理由の一部は，彼がそれをわかっているかどうか確認したいのです。彼はまだわかっていないと思います。

　セラピスト：彼のパーツがあなたの怒りに対して言い訳をしている限り，あなたの声が本当に聴こえるとは思えませんね。

ジュディス：（長い沈黙）本当は彼を助けたいとは思っていません。でも，何かを変えたいです。今まで何も効果がありませんでした。だから，あなたのアイディアに従うつもりです。

　セラピスト：いいですね。そして，私はここでずっとサポートします。お二人とも。

計画を知らせ，継続的な支援を提供する

ジュディス：あなたが道案内をしてくれることで，全身がリラックスしています。

ボブ：私もそうです。

ジュディス：（ボブへ）あなたがこれ以上浮気しないことを確認したいの。もしもう一度浮気するなら，別れます。

ボブ：（ジュディスへ）もちろんわかっているよ，ジュディス。

セラピスト：物事が変わり始めたら，和解と許しに取り組むことができます。

ジュディス：（両手を上げて）ああ，まだ許す気になれないわ！

セラピスト：それも納得です。許すことは，後でお二人の準備ができたら，話し合いましょう。急いで許す必要は全くありません。今は，会話を変えることに集中し，誠実に修復する方向で取り組みましょう。

許せないというプレッシャーを和らげる

セラピスト：（続けて）ジュディス，あなたはボブを見ていますね。

ジュディス：ボブはあなたの言っていることに同意しているのでしょうか？

ボブ：いつもと違うことをするのはいいことだと思います。

ジュディス：二人の意見が一致したわね！（ボブはうなずき，ジュディスは笑う）私たちは同意した！わあ！

セラピスト：あなたが何か違うことをしたいと思っていることに感謝します。今までが大変だったのは分かっていますし，これ以上何が変わるのかと考えているのでしょう。

ボブ：正直に言うけど，これは怖いですね。試してみたいとは思っていますが，できるかどうかはわかりません。やはり，すべての非難と怒りの対象になりたくはないですね。

セラピスト：もちろん，あなただけが非難の対象になるようなことはありません。しかし，これらの会話のいくつかは，あなたの行動がジュディスに与える影響に耳を傾けることになると言いました。そのとき，あなたはうなずきましたね。

ボブ：はい。それと，ジュディスには，私たちの関係の初期のころの彼女の選択が，私にどのような影響を与えたかについても聞いてもらいたいです。彼女の怒りとか。

セラピスト：ジュディスは，あなたの結婚生活の32年間で，あなたのパーツを傷つけてきたのですね。

ボブ：（涙を流す）それを認めてくれた人は初めてです。とてもパワーを感じます。ありがとうございます。

セラピスト：結婚生活の中でお互いを傷つけた方法を探る前に，現在のこの断絶を癒す必要があると思います。私が提案していることは，意味があると思えますか？

ボブ：それはわかります，絶対に。

セラピスト：あなたが得たものを，今ジュディスに直接伝えていただけませんか？

機会があれば，つながりの瞬間を強化する

ボブ：（深く息を吸い込む）それは怖いです。（ジュディスを見て）私たちが前に進む

ためには，私がしたことについてあなたがどう感じているかを聞かなくてはいけないと分かっています。そして私はもっと責任を負わなければなりません。

セラピスト：それを聞いてどう思いましたか，ジュディス？

ジュディス：（少し沈黙）鳥肌が立ちました。（ボブを見て）まるで何かが変わったようです。そんなこと言うなんて，まったく思っていませんでした。それは本当なの？

ボブ：本当だよ。

🐛

　言うまでもなく，これはほんの始まりに過ぎません。ボブは個人セッションを始め，自分の孤独，ジュディスへの怒り，人生の喜びの喪失に反応して不倫を選んだパーツを知ることができました。やがて，自分の中のジレンマや幼少期のトラウマが，このような行動につながったことを理解し，防衛的にならずにジュディスの話を聞けるようになりました。そして，自分が癒され，二人の関係が存続できると信じ，希望を持てるようになると，彼は心から反省してジュディスに謝罪することができるようになりました。

　時間が経つにつれ，ジュディスは激怒せずに自分の打ちひしがれたパーツを代弁する力を持つようになり，自分自身への信頼を獲得しました。ボブは二人の関係の初期に，自分に対して憤りや敵意を感じるようになった原因について興味を持つことができるようになりました。しかし，二人の反応が減り，二人の関係がより優しく穏やかになり，つながりと楽しさを感じる瞬間が増えるまでは，許しの話題は議題から外されました。これは過去の傷や裏切りから解放され，関係を癒し，信頼を取り戻すための重要なステップです。

Document	クライアントのための資料
	IFIO のやり直しについて──防衛パーツの動きを確認し, 再挑戦する

　やり直しとは, 迅速な修復のことです。防衛パーツに親しみ, 防衛パーツが引き起こした害に気づくようになると, 自分が相手に誤った同調をしたり, 思いやりのない態度をとっていることに気づきやすくなります。そこで, 謝罪し, Self主導で関係をやり直すように頼むことで, そのサイクルを中断させることができます。コミュニケーションのやり直しのステップについては, 下記に概要を説明します。

1. 自分の不注意や不親切を認めます。
2. コミュニケーションをやり直すために, パートナーに一緒にいてくれるかどうか聞いてみます。
3. 相手の合意を待ちます。
4. 自分のパーツを代弁して, そのパーツの根底にある追放者の求めているものに気づき, 代弁する時間をとって, もう一度試してみます。
5. パートナーに確認します。自分のパーツから何を聞いているのでしょうか？
6. Self から聴きます。

　以下はその一例です。
1. フラストレーションを感じているパーツが怒り出します。「何度も何度もやめてくれって言っているのに, わからないのか！」
2. やり直します。「暴言を吐いてごめんなさい。あのような言い方はしたくありません。もう一回やってもいいですか？」
3. パートナーの肯定的な返事を待ちます。
4. 次に, 「こういうことが繰り返されると, イライラしてしまうパーツがいます。どこかのタイミングでそのパターンについてお話できないでしょうか？」
5. どう感じるか確認します。「あなたにとって, 今回は違う感じでしたか？何か言いたいことはありますか？」
6. 自分の行動が及ぼす影響に, 防衛的にならずに耳を傾けます。

IFIO における関係性の神経生物学

神経生物学と初期の生活体験[*2] ●●●

　胎児期や乳児期（生後約 18 カ月まで）（訳注：日本では 1 歳未満を乳児と呼びますが，ここでは便宜的に生後 18 カ月までを乳児と訳します）の脳は，知覚，感覚，感情，「知っている」という感覚を通して，経験し，学習し，「記憶」します。乳児はまだ言語能力が発達していないため，この発達段階において，脳は物語を作ることはできません。そのため，早期の記憶は非言語的であり，直線的な物語には従っていません。この時期に形成される記憶は，潜在記憶と呼ばれます（Badenoch, 2008; Siegel, 1999）。生後 18 カ月頃になると，私たちは言語を獲得し始め，顕在記憶と呼ばれる自伝的記憶の形式を発達させます。この新しい認知能力によって，私たちのパーツは，物語を語り始め，意識に昇る暗黙の学習の「意味づけ」を行います。

　人生の早期，潜在記憶のみの段階において，子どもの愛着スタイルは，両親や他の養育者との相互作用の中で発達していきます。つまり，早期の人間関係の体験は，子どもが将来のすべての人間関係の基礎となるテンプレートを形成するのです（Schore & Schore, 2007）。こうした早期の人間関係の体験が最適でなく，子どもの基本的欲求や安全感を満たしていなかった場合，感情の調整をしたり，自分を落ち着かせたり，社会的関係性をはぐくむ脳回路に，長期的な変化が生じる可能性があります。さらに，早期の養育の欠陥は，子どもが恐怖を感じたときに自律神経を調整し，自分を落ち着かせる能力に影響を与え，他人と同調し，つながりを作る能力を損ないます（Cozolino, 2006）。このような子どもは，主に回避的であったり，注目と恐怖を同時に求めたりするというような不安定な愛着スタイルを発達させる

[*2]　この章を書くにあたり，神経科学とカップルセラピーについて，IFIO トレーナーのジョン・パルマー氏の指導に感謝します。

可能性があり，それは成人期以降にまで及ぶといわれています。

　人は，幼少期の傷に関する無意識の潜在記憶を扁桃体（へんとうたい）に蓄積しています。扁桃体は，人生の早い時期に社会的・感情的な経験をすると深く影響を受ける，脳の原始的な部分です。現在の体験が，潜在記憶という形で過去の感情的な負荷を呼び起こすと，その古い体験があたかも今ここで起こっているかのように体内を駆け巡ります（Badenoch, 2008）。扁桃体はリアルタイムで脅威があると考え，身体の自律神経系が活性化し，理性的な思考能力を停止させます。現在が過去に包含されている限り，ストレスの多い相互作用によって，人は簡単に過去に戻されてしまいます。その際，人は何が起こっているのかを意識することはありません。

　ボニー・バデノックは，著書『脳を活かすセラピストであるために』（2008，未邦訳）の中で，「非常に多くのカップルが，解離と死んだような感覚，または過覚醒と混沌のどちらかに向かって，調整不全に移行するパターンに閉じ込められている」と書いています。これらのパターンが親の反応の欠如によって刻み込まれたものであることを理解すると，すぐに調整を取り戻せるようになります。自分自身とパートナーの状態について，癒しとマインドフルネスに満ちた意識を持つことができるようになっていくのです。このような混乱に対して相手を責めることを手放すことができれば，互いにコンパッションを持つ余地が生まれてきます」（p.282）。

　これらをパーツ言語で表してみると，クライアントの幼い追放者がブレンドすると，過去からの感覚情報に圧倒されます。その感覚情報は，内的システムにひどく落胆させるメッセージを送っています。このままでは，過去は決して終わらないでしょう。深く恥ずべき愛着の傷が現在の人間関係に重なり，過去が執拗に現在に複製されていると感じると，防衛パーツは自然に，自分の極端な見方や警戒心が正当化されると考えるようになるのです。その結果，カップルは，誰が誰に何を言ったか，何をしたかについて執拗に争うことになります。皮肉なことに，潜在的な学習とストレスホルモンの両方が明確な記憶を歪めてしまうため，彼らの回想は決して正確なものにはなりません。

　セラピストは，ストレスが高い瞬間に誰が何を言ったか，何をしたかを確実に知

ることはできないので，カップルが「本当に」起こったことを解読しようとすることには意味がありません。防衛パーツが自分を認めてほしいという欲求は理解できます。また，私たちは防衛パーツの感情や混乱を認めますが，さらに害を及ぼすような戦略は認めません。追放者の元の経験が目撃され，「私は愛されない」といった恥を喚起するような信念を捨て去るのに十分な癒しが行われたとき，防衛パーツは明確さと安堵感を得ることができるのです。

　特に神経生物学を理解し，ブレンド解除を実践することによって，より良い選択肢を紹介し，何が本当に起こったのかをめぐって争う習慣を断ち切るよう，パートナーを導きます。その過程で，極端な防衛パーツの歪んだ見解を支持することなく，その善意を認め，神経生物学的状態を変え，自信を養い，関係を癒す新しい行動を実践するようパートナーを導きます。カップルセラピーでは，パートナー（外側）と Self（内側）が，傷ついたパーツに優しさ，注意，純粋な好奇心，成熟した共感，愛情を注ぐことができるとき，安全な愛着が初めて生まれ，あるいは再び修復されると考えます。

ポリヴェーガル理論と協働調整 ●●●

　初期段階では，自律神経は，神経系は交感神経と副交感神経の2つの枝からなり，それぞれ身体を活性化したり落ち着かせたりする役割を担っていると考えていました。しかし，スティーブン・ポージェスは，この考え方を拡張し，神経系には3つの枝があり，常に関係する状況に対応し，階層的に協働しているとして，ポリヴェーガル理論（Porges, 2007）を提唱しました。

　私たちには交感神経系と副交感神経系があり，副交感神経系には，背側迷走神経枝と腹側迷走神経枝があります。交感神経系は，危険を察知すると「闘争・逃走反応」を起こし，身体を動かして可動化します。一方，背側迷走神経系と腹側迷走神経系は，ともに副交感神経系に属します。背側迷走神経系は，副交感神経系の中でも進化的に古い枝です。極度の危険の合図に対して，凍りつきや崩れ落ちる行動で反応します（Dana, 2018）。IFIO では，背側迷走神経系と同期して動作する防衛パーツは，私たちを麻痺させたり凍りつかせたりして，人とのつながりを断ち，自分

117

の意識からも切り離し，極度の防衛が必要であるという感覚に合図を送ります。

　逆に，より新しい副交感神経経路である腹側迷走神経系は，安全の手がかりに反応し，社会的なつながりを促進します。IFIO では，腹側迷走神経状態が Self 主導を促すことを理論的に示しています。

　また，ポリヴェーガル理論は，特にカップルに関連する 2 つの概念，ニューロセプションと協働調整を定義づけています。ニューロセプションとは，私たちが常に外部環境をスキャンして，安全や危険の手がかりを探す無意識のプロセスを指しています。ニューロセプションは，論理的，言語的というよりも，身体的，感情的，そして連想的なプロセスです。ニューロセプションでは，扁桃体が現在の体験と安全に関連する過去の体験を照合し，自律神経系をリラックスさせたり，活性化させます。

　その後，脳の左半球は，今何が起こっているかという物語を作り上げます。この物語は，その人が自分のパーツに導かれているのか，Self に導かれているのかによって影響を受けます。パーツ主導の場合，自律神経系が主導権を握りやすく，過去が物語に大きな影響を与えます。一方，Self 主導の場合は，ゆっくりと自分の反応の正確さを評価し，自分の経験についてパートナーに確認し，反応するかどうか，どのように行動するかを賢く選択することができます。

　ポリヴェーガル理論によれば，他者とのつながりは安全という神経的な感覚をもたらし，信頼関係の形成を通じて腹側迷走神経状態への協働調整が可能になります。協働調整とは，他者とのつながりの中で自律神経系を相互に制御することです。これにより，安全性を示す安心できるプラットフォームが形成され，さらなる愛着が促進されます。カップルが神経系を協働調整できるようになると，Self の影響力が強まり，共創的なつながりの喜びを経験することができます（Dana, 2018）。

　カップルの関係における互恵性の概念，つまりサポート，愛，理解の健全な相互のギブアンドテイクは，二人のダイナミクスについてより多くの情報を提供します。そして，ストレスを体験した瞬間にも，どのくらいお互いに協働調整できるかを決

めます（Dana, 2018）。もちろん，カップルにおいて与えることの互恵性は，時間とともに変化していきます。IFIO では，パートナーが互恵性に気づき続け，その能力を評価することを支援します。

 IFIO の神経生物学

私たちは，次のような方法でカップルをサポートします。

- 自律神経に関する教育，経験の正常化
- パーツからブレンド解除することを教え，それぞれのパートナーが関係性のトラウマを目撃するのを助けることで，追放者にとっては今までの信念とは異なる，修正体験を提供します。
- カップルが Self からお互いを目撃し，相手の傷に思いやりを持つことで，今までとは異なる修正体験を与えます。
- 無意識のうちに行われるニューロセプションのプロセスに関する教育を提供します。
- トップダウン／ボトムアップの介入を用います（Anderson, Sweezy, & Schwartz, 2017）。
- パートナーに協働調整と互恵主義について教育し，パートナーがどちらも体験できるようカウンセリングルーム内でエクササイズを行います。
- カウンセリングルームにおいて，パートナー間で自発的に発生する協働調整に気づき，その瞬間を可能な限り高めます。

自律神経系を調整する

　次の事例は，ヨーロッパ系アメリカ人のカップル，ダンとケイトがセッションで自律神経系を調整するために行った，自己調整と協働調整の実験です。ダンは 20 代後半のトランスジェンダーで，ケイトは同性愛を自認するシスジェンダー女性です。二人は結婚して 5 年，付き合って 7 年になります。二人がカップルセラピーを求めたのは，会話の中で，現実の，あるいは認識された脅威に対して二人ともが激しく反応してしまい，その後，修復して再びつながることに困難を感じてしまったからでした。

　セラピスト：今週はどうでしたか？　今日のセッションは何か役に立ちそうですか？
ダン：私たちはどうしてもうまくいかないんです。何をやってもうまくいかないんです。ケイトとはいつも犬猿の仲です。

ケイト：そうです！ すべてはあなたのせいよ。 私のことはどうなの？ 私だって必要を満たしてもらいたいわ。

ダン：ほらね。また始まった！（目を丸くする）

　セラピスト：2人ともうまくいかなくて苦労していますね。 ダンは， 自分には何もできないと思っているパーツがあるのでしょう。 そしてケイト， あなたは満たされていないニーズを持つパーツについて話しましたね。 これらの問題は， あなた方の関係に摩擦を引き起こしています。そして， 二人ともフラストレーションを感じている。 私の理解は合っていますか？

ダン：はい。

ケイト：そうです！

　セラピスト：前回中断したところですね。続きを進めましょう。（ダンがうなずく）

ケイト：（ダンへ）あなたはいつも怒っていて， 怒鳴っています。付き合いきれないわ。

ダン：君がひどく見下すからだよ。これで怒らない人なんていると思うかい？

　セラピスト：今何が起きているのか， ちょっと気づいてみましょう。 まず， 身体から始めましょう。少し深呼吸してください。（しばらくしてから）神経系について思い出してください。今，戦っていますか，逃げていますか，凍りついていますか？

ケイト：なるほど， 私には逃げ出したいパーツがあります。「ここから出してくれ！」という声が聞こえてきそうです。

ダン：そして， 私はいつもの場所で， 戦いを求めてうずうずしています。

　セラピスト：今， 身体に何が起きていますか？

ダン：興奮しています。きつい。どうしようもできない。

　セラピスト：わかりますよ， ダン。 あなたは怒っていて， さらに動揺している。 そして自分ではどうすることもできないと思っている。 これで合っていますか？

ミラーリング

ダン：そうですね。

　セラピスト：（ケイトへ）あなたの身体は？

ケイト：緊張していますが， 立ち上がって走るという感じではありません。 とにかく今はだめです。深く呼吸をすることが助けになります。

　セラピスト：素晴らしい。 自分の身体やパーツに気づき続けてくれるなら， ダンと少し時間を過ごしたいのです。

ケイト：いいですよ。

　セラピスト：（ダンに）あなたの身体にあるエネルギーは， 私には意味があります。 安全でないように感じているようですね？ 私を見てくれますか？

アイコンタクトや声のトーンによる協働調整の提供

セラピスト：（続けて）ダン，あなたは気分を害したり，脅されたりしたとき，とても怒ることがあり，その怒りが身体を支配するのだと聞きました。そして，IFS でいうところの，この怒りのパーツのブレンドが解けないことがあるのです。自分自身を穏やかなゾーンに導くのは難しいようですね。これまでの経歴を考えると，これはとても納得がいきます。今の気持ちについて，もっと話したいことはありますか？

> 反応していることの価値を認め，ミラーリングし，
> 感情についてもっと話すように誘う

ダン：少し良くなりました。でも，怒りを感じます。本当に怒っている。
セラピスト：あなたは本当に怒っているのですね。

> 彼の感情状態に焦点を当てる

ダン：そうですね。
セラピスト：怒りもパーツだと思いますか？
ダン：そうですね。
セラピスト：そのパーツは，身体のどこに感じますか？

> 意識を身体に戻す

ダン：胸です。
セラピスト：どのように感じていますか？

> ブレンド解除の確認

ダン：自分が彼のような気がします。今は彼がすべてです。
セラピスト：彼と話してもいいですか？

> ダイレクトアクセスの許可を取る

ダン：わかりました。
セラピスト：（ケイトへ）私たちと一緒にいますか？

> パートナーとのつながりを大切にする

ケイト：はい，一緒にいます。あなたがダンと彼の怒りと一緒にいてくれることが分かって，よりリラックスした気分です。
セラピスト：（ダイレクトアクセスを使用する）それではダンの怒っているパーツに話しかけましょう。私の声が聞こえますか？（ダンがうなずく）何が起こっているのか理解するのを助けてくれますか？

ダン：(怒りのパーツが直接答える) あなたは，ダンがどれほど弱く，鼻持ちならない，能力不足の，意気地のない人間かわかっていない！ 私は，彼が生きていくための唯一の希望なんだ。ダンが生きていくための唯一の希望は私です。

　セラピスト：なるほど。あなたは強くてパワフルなのですね。

ダン：(怒っているパーツの発言) 彼は今生きているだろう？ 私がいなけりゃ死んでいたはずだよ。誰も……，誰も，もう二度と彼を脅かすことはできない。

　セラピスト：ケイトのそういうパーツも含めて？

ダン：(ケイトを見て) そうだと思います。

　セラピスト：(ダンの Self へ) 聞いていますか，ダン？

ダン：はい。

　セラピスト：今，このパーツに対してどのような気持ちですか？

ブレンド解除の確認

ダン：この言葉には聞き覚えがあります。10 代の頃に言い始めました。

　セラピスト：当時からこのように守ってくれるパーツがあったのですね？

ダン：そうです。それはすべて真実です。このパーツがなければ，私は死んでいたでしょう。

　セラピスト：今，あなたの身体には何が起きていますか？

活性化の度合いを確認する

ダン：落ち着いた感じがします。でも，まだたくさんのエネルギーが渦巻いているのを感じます。

　セラピスト：わかります。身体の中にたくさんのエネルギーがありますね。それを処理できますか？

ブレンド解除を確認し，継続の許可を得る

ダン：できます。

　セラピスト：この防衛パーツに，もう少し質問することはできますか？

ダン：そうですね，たぶん。私が彼に気づけば気づくほど，彼はどんどん変わっていきます。はじめはライオンだったのに，今は 10 代に見える。

　セラピスト：その意味はわかりますか？ それとも本人に聞くべきですか？

ダン：いや，意味はわかります。

　セラピスト：もしよかったら，彼は誰を守っているのか聞いてみてください。

ダン：(長い沈黙) なんてこった。あそこには行きたくないよ。

　セラピスト：それはどういうことですか？

ダン：女の子のパーツです。幼い女の子です。混乱し，恐怖に怯えている。

　セラピスト：今，怖いのは誰ですか？

ダン：（声を荒げる）みんなこの女の子を怖がっているんだ！　これがわからないの？

　セラピスト：ダン，　これをぜひとも理解したいのです。　彼らは何を恐れているので
　　　　　　　しょう？

ダン：私は過去に引きずり戻されることはありません。私は全てを捨てました。

　セラピスト：彼女を脅威と感じるパーツがあるのですね？

ダン：はい。

　セラピスト：過去を訪ねることは危険だと感じますか？　あなたには，　まだ彼女を
　　　　　　　守ろうとするパーツがあり，　また彼女を追放しようとするパーツがあ
　　　　　　　るというふうに聞こえます。そうですか？

今回出てきた追放者に関して極端な防衛パーツがいることを名付ける

ダン：まさにその通りです。

　セラピスト：このジレンマを身体で感じることができますか？

ダン：信じられないくらい不安だ。

　セラピスト：ダン，　私たちはこれらのパーツすべてを助けるつもりです。　その前に
　　　　　　　ケイトの様子を見に行きますね。（ダンがうなずき，　セラピストがケイ
　　　　　　　トのほうに振り向く）　現在に留まっていますか？　今の話で，　理解で
　　　　　　　きますか？

ケイト：ええ，　面白いですね。　なんとなく感じていたのですが，　何かが常に抑圧され
　　　　ているのです。　そしてダンは私が脅威であるかのように振る舞います。　私だ
　　　　ってそんなに善人ではないかもしれないけど，彼を殴ったりはしません。

ダン：（鋭く顔を上げてキレる）そうか，そうか！　君はいつも私を批判しているじゃ
　　　ないか。

　セラピスト：何があったんですか？　ダン？

ダン：怒りが戻ってきたんだ。

　セラピスト：このパーツは，　あなたが脅かされていると感じると，　素早く反応しま
　　　　　　　すね。　それには気づきましたか？　（ダンがうなずく）　この巨大な守護
　　　　　　　神がより安全だと感じられるようにできるとしたら，　ケイトにこんな
　　　　　　　に早く反応する必要があるでしょうか？

**サポートを受けるパーツを招き入れ，反応性を少なくすることで，
クライアントは，より多くの選択肢を持つことができる**

ダン：確かにこのパーツは，　怒る以外には選択肢がないと感じているようですね。　で
　　　は，それをどう変えていくのでしょうか？

　セラピスト：引き続き，３つの重要なことを理解するお手伝いをします。第一に，こ
　　　　　　　れはあなたの意識に関係なく，　つまりあなたの許可なく起動する防衛
　　　　　　　パーツです。　彼は，　あなたの身体を乗っ取ってしまいます。　第二に，

あなたがこういう反応に陥ることは、子ども時代のことを考えると、完全に納得がいきます。そして第三に、このパーツはケイトが現実よりも危険であるという前提で動いています。これらのことはすべて真実なので、この 10 代の少年が守っているパーツを癒すことを含め、彼があなたとブレンド解除し、神経系の調整をするのを助ける方法をいくつか用意しています。

危険を察知したときの自律神経の反応と身体の対処法を説明し，
代替案を提示する

ダン：女の子のパーツも癒すということですか？

　セラピスト：その通りです。このように話している間，あなたの中で何が起きていますか？

ダン：リラックスしています。好奇心が旺盛です。落ち着いてみると，いつもの自分の反応が，自然な反応よりもずっと大きいことがわかります。でも，その怒りの中にいるときは，自然な反応のように感じるのです！（ケイトを見て）これどう思う？

ケイト：あなたのことも考えていますが，自分のこと，そして自分の反応の速さについても考えています。私たちの行動には理由があり，逃げ道があるかもしれないと思うと，ほっとします。

　セラピスト：このようなときにも，お互いに助け合うことができます。人間関係でトリガーが引かれたとき，私たちはしばしば孤独で安全でないことを感じます。これを変えるための重要な戦略は，ブレンド解除を学ぶことと，自分の感情を安全に，勇気を持って伝えるやり方を学ぶことです。ご興味はありますか？

勇気あるコミュニケーションというツールの提供（Session2 参照）

ケイト：これは私たちの大きな目標の一つですね，ダン。

ダン：そうですね。

　セラピストは，ケイトとダンが防衛パーツの恐怖に対処し，これらのパーツがブレンドしないように助けた後，セッションは続行されました。

　セラピスト：ダン，今日一緒に時間を過ごしたパーツたちを代表して，話をしてもらえませんか？

ダン：ケイトは，彼らのことをわかっていると思います。

　セラピスト：彼女は直接彼らのことを理解したかもしれませんが，あなたを通して理解しているのでしょうか？

ケイト：（うなずく）私たちは，お互いに妄想的で意地悪なパーツの受け皿になっているのです。

ダン：わかった，やってみるよ。今日のところは，ケイト，これが私の知っていることだ。私は怒ったり，意地悪になる。それはパーツの反応だ。君が批判的だと，それがトリガーになるんだ。

  セラピスト：言い直してもいいですか？（ダンがうなずく）あなたが批判されたと感じると，トリガーになるのです。

ダン：まあ，いいや。時々，君が私を批判していると思うんだよ。ケイト。

ケイト：それは確かにそうですね。私は批判的になることがありますから。

ダン：なるほど，身体の中で火山が噴火しているようなものですね。激怒して憤慨するのは，このパーツだ。私が聞いているのは，幼いころに殴られた別のパーツを守っているのだということです。そのメッセージは「お前は許せない」だった。「二度とそんなことをさせるものか」と強く思ってきました。例えば，感情を表現することについて話しましょう。私の家族は私に何が起こっているのか理解することができませんでした。先生も，友達も。誰も理解してくれませんでした。いじめは容赦なかった。何度か拷問といえるようないじめも受けました。私が14歳のときにレイプされたことは知ってる？（ダンが泣き出す）

  セラピスト：今，これを感じても大丈夫ですか？

ダン：（うなずきながら泣き続ける）傷ついたのはそのパーツです。彼女はとても怖がりで，孤独だったんです。彼女は残酷な目に遭いました。

  セラピスト：今私たちが彼女と一緒にいてもいいですか？

ダン：私は彼女の味方です。でも，他のパーツが彼女を葬り去りたいと感じているんだ。

  セラピスト：あなたはそれを理解できましたか？

ダン：はい。

  セラピスト：彼女はあなたがいることに気づいていますか？

ダン：はい。

  セラピスト：彼女のニーズを満たすには，今，何がしたらよいでしょうか？

ダン：ケイトに彼女のことを知ってもらいたいんです。

  セラピスト：ケイト，ダンのこのパーツの話を聴くことはできますか？

ケイト：はい，もちろん！　ずっと気になっていたのですが，ダンは，このパーツは切り捨てなければならないと思っているようなんです（優しい口調で）もっと近くに寄っていい？

　このとき，ケイトはダンのほうへ移動し，手を伸ばして彼の膝に触れました。自発的なタッチは，つながりと協働調整を可能にします。

ダン：いいですね。あなた自身を感じる。彼女はとても窮屈で，とても必死だった。うまく合わせようとすると，別のパーツが苦しくなってしまいます。母は私に対処できなかった。母は，私というか，そのパーツに対処できませんでした。

　セラピスト：彼女はどんなふうに見えるでしょうか？

ダン：小さな男の子に見えますね。というか，少年と少女の見分け方はどのようなものでしょうかね。

　セラピスト：今，彼女に対してどのような気持ちですか？

ダン：本当に，本当に悲しい気持ちです。

　セラピスト：（ケイトに）あなたは何を感じていますか？

ケイト：大きな悲しみです。もちろん，いくつかの話は聞いていましたが，これほどとは知りませんでした。

　セラピスト：今日はもう時間が少なくなってきました。ダン，もう少しこのパーツに付き合っていただいてもいいですか？

ダン：（目を閉じる）彼女に対する抵抗感を考えると，これは簡単なことではないといえるでしょう。

　セラピスト：それは他のパーツ？

ダン：そうです。彼らは彼女を恐れているのです。

　セラピスト：何か彼らに言いたいことはありますか？

内なるジレンマに対応するために，クライアントの Self を誘い出す

ダン：はい。これをやらなきゃいけない。過去が私たちを悩ませている。彼女には私が必要だ。その時が来たんだ。

　セラピスト：すると彼らはどう反応するのでしょう？

ダン：今のところ大丈夫です。でも，これはほんの始まりに過ぎないことは分かっています。今は，私がこれを進めていくことに自信がないのです。

　セラピスト：これは始まりで，プロセスは新しいものです。彼らの疑念は理解できますか？

ダン：確かにね。やっていくしかないでしょう。

　セラピスト：では，この少女に戻りましょう。次回のセッションで私たちがこの場に戻るまで，この少女が安全で快適だと感じられる場所を見つけるのを手伝いましょう。

ダン：彼女はここにいたい，私たちと一緒にいたいと言っています。

　セラピスト：それはどうですか？

ダン：いいです。

　セラピスト：ケイト，ダンやこの少女のパーツに何か言いたいことはないですか？
　　　　　　　心から言ってもらえますか？

> パートナーに無理もないということを認めてもらうと，
> それは活性化を抑制するのに役立つ（Fruzzetti & Worrall, 2010）

ケイト：（少し黙った後）私はあなたがそこに行くことをいとわないことに感謝します。
　　　　　あなたの言うことは理にかなっています。こんなひどいことが，あなたに起
　　　　　こらなければよかったのに。それに，私たちの問題はあなただけのせいでは
　　　　　ないこともわかっています。時々，私はあなたのせいだと言ってしまいます
　　　　　が。私が思うに，惨めな子ども時代を解き放たなければ，私たちの関係は良
　　　　　くならないのです。

　このセッションは，いくつかの理由で複雑でした。最初は，両方のパートナーが自
律神経的に活性化していました。ケイトは自己調整できましたが，ダンは助けを必要
としていました。したがって，セラピストは，ケイトをおざなりにせず，カップルと
して二人を包み込むことを忘れないように注意しながら，ダンをサポートすることに
焦点を当てました。セッションの間，セラピストは彼らの自律神経系について教育し，
ダンが最適な覚醒状態に達するのを助けました。それには，無理もないことだと認め
るバリデーション，ミラーリング，感情を代弁するように誘うというトップダウンの
介入を使いました。そして，ダンが内面的に参加できるようにUターンの手助けをし
ました。

　その中でダンは，怒っている10代の少年が，内的にも外的にも追放された少女を守
っていることを知ります。この少女は少年のように見え，恐怖を抱いたまま追放され
ていました。ダンのシステムは，彼女を脅威とみなし続けていたのです。ダンは，自
律神経系を調整することで，少女を避けようとする動きに対して，Self主導で挑戦す
ることができ，そのプロセスにケイトを加えたのです。彼は，この少女が救助を必要
としていることを理解し，自分の他のパーツの恐怖が邪魔になることを鋭く理解しま
した。このセッションでは，外的に無理もないことだと価値が認められると安心感が
もたらされ，内的に再びつながりを確保するとシステムが落ち着き，その結果，個人
としてもカップルとしても，最初の調整が不足している断絶状態から，最適な落ち着
きと存在感へと向かえることが明らかにされています。

　ダンとケイトのようなカップルは，防衛システムが慢性的に主役の席を占領してい

ます。 そのような調整不全を感じてセラピーに来たカップルに対しては， 二人が信頼を取り戻すのを助けるように努めます。 二人が絶望を感じているとき， 私たちは， 忍耐と粘り強さをもってワークします。IFIO のステップは， すべて， カップルが安全性と信頼感を育むのをサポートするためにデザインされています。 目標は， それぞれのパーツを認識しながらも， ブレンドしていない状態でいられるように手助けすることです。 それぞれのパーツがブレンド解除していれば， 神経系はより整うのです。 両者の神経系が調整されていればいるほど， 衝突や苦悩が起きても， お互いを見捨てずに，支え合うことができるようになります。 よく調整された神経系は， 内面と外面の関係性の同調を招きます。

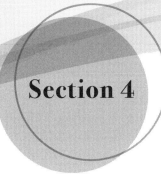

Section 4　セラピストの課題

**セラピストにもパーツがある：セラピーの中での難しい問題は，
セラピスト自身の難しい問題でもある ●●●**

　　クライアントと同じように，私たちセラピストにも，セラピーの妨げになるパーツや負荷があります。逆転移はすべての人間関係において避けられない特徴です。もし私たちが自分のパーツに気づかず，そのニーズを無視すれば，いずれはそれが問題になります。しかし私たちは，それをチャンスにすることができます。批判的なパーツや恐れを抱くパーツが現れてきたとき，冷静で好奇心旺盛な探究心を持つことで，パーツのニーズについて重要な知識を獲得することができます。それぞれのカップルが「簡単」か「難しい」かは客観的なものではありません。例えば，引っ込み思案で無口なカップルとのセッションをとても苦手だと感じるかもしれませんが，それは私たち自身の追放者を見つけ，その負荷を下ろすように促すために起きていることなのです。次のような問題は，しばしば逆転移を引き起こします。これらはセラピストの負荷から生じており，探求していくべき課題です。

1. カップルの交流スタイルがセラピストに過去の出来事を思い出させる。

　•「親や自分の世話をしてくれた人がこんな行動をとっていた」

　　　幼少期に両親や他の世話をしてくれた人との関係性から学習体験をしたパーツは，カップルが同じような行動を表すと活性化する可能性が高くなります。通常は，否定的な経験が問題となります。しかし逆転移には境界がありません。もし，あなたが祖父母を特に愛しており，カップルの一方をこの素晴らしい祖父母と同じように楽しい，あるいは慈悲深いと感じたなら，逆転移が起こることがあり，それが問題になる可能性があります。ここでは基本に立ち返り，私たちの仕事は，クライアントのパーツに対する私たちのパーツの反応にマインドフルでいることであるのを忘れないことが大切です。私たちのパーツは，ク

ライアントのパーツについて,「似ている」と識別したり,嫌悪を感じるかもしれません。いずれにしても,セラピストとしての役割において,私たちはこうした情報をもとに,進んでいく道を明らかにし,自分の追放者が負荷を取り除くのを助け,自分が Self 主導であるように心がけます。

2. 浮気や裏切りに遭ったカップルがその問題を探求している

- 「道徳的な理由で不倫を否定するよう教えられた」
- 「自分自身が不倫で傷ついたり,大切な人が傷ついたりしたことがある」

　不倫,または裏切りに対する個人の反応は,その人にとって何を意味するかによって異なり,それらはその人の歴史と文化に依存します。不倫は,嘘を伴い,少なくともある程度,見捨てられる体験を意味するため,しばしば防衛パーツが刺激されます。パートナーの不貞行為に人がどのような意味を見出すかが鍵となります。不倫は,「私は不十分だ」というような恥をかかせるような意味にとられるかもしれないし,「あなたは不道徳だ」「あなたは悪い人だ」というような相手への批判を呼び起こすかもしれません。あるいは,本当の力の差が浮き彫りになって,「私は無力で,自分を守ることができない」という意味にとるかもしれません。いずれにせよ,セラピストの中には,子どもの頃の経験やその後の恋愛関係から,不倫に対して強い感情を持つ人もいれば,不倫を否定することを学んできた人もいるでしょう。また,誰かが苦しんでいるのを目撃して,強い感情を持つようになった人もいるはずです。これも,活性化を引き起こす難しい問題の一つです。強い感情が生まれたら,自分の反応に注意し,自分のパーツをサポートしましょう。

3. 性的な問題を抱えたカップル

- 「私はこの問題については訓練を受けていない」
- 「この話題で恥ずかしい思いをするパーツがいる」

　クライアントがあえて話題にしなかったとしても,セックスについて話し合うことを提案することをお勧めします。多くのカップルがセックスに関する問題で悩んでいますが,彼らのパーツは,このことをとても恥ずかしく思っていて,話題にすることができません。カップルがセックスに関する問題を探求するのを助けるのに,あなた自身がセックスセラピストである必要はありません。

しかし少なくとも，セックスについて話したり，探求したり，クライアントの話をよく聞いたりすることに，問題なく対処できるようになっている必要があります。したがって，いつ言及すべきかを知ることも重要です。もし，自分の経験から，逆転移の問題が圧倒的だと感じたら，スーパービジョンを受けたり，カップルを別の専門家に紹介し，補助的な治療を受けるように取り計らうことができます。また，身体に関することでは，医療従事者の関与が必要な場合もあります。いずれにしても，これもあなたのシステムに重要な懸念を喚起する可能性がある話題であり，それを探求することで，あなた自身も利益を得ることができるのです。

4. 一方または両方のパートナーの批判的で恥をかかせる防衛パーツが，セラピストを攻撃する

- 「ひどい，こんなことを言われる筋合いはない」
- 「どうすればこのクライアントがセラピーをやめてくれるだろうか？」
- 「彼らは絶望的だ」
- 「彼らの悩みは尽きない」
- 「彼らは良くなろうという意欲がない」
- 「こんな行動をとる人間に責任は持てない」

　私たちは，どういうときに恥をかいたと感じるでしょうか？　その方法は，限りなくたくさんあるといっても過言ではありません。私たちの防衛パーツたちはどのように反応するのでしょうか？　ここに挙げたのは，よくある反応です。あなたの弱点が何であろうと，腕のいい消防士はそれを目ざとく見つけてくれるでしょう。私たちが準備していれば，クライアントの消防士に恥をかかされることは，むしろチャンスです。なぜなら，彼らは私たちの内部で批判者と追放者の間で何が起こっているのか，そしてカップルの問題について，何が外在化しているのかを教えてくれるからです。恥をかかされたときのためには，いつものアドバイスを思い出してください。つまりあなたの追放者を見つけ，彼らが負荷を下ろすのを助けることです。しかし，たとえあなたの追放者全員が完璧に負荷を取り除いたとしても，恥をかかされることは傷つく行為であり，それを個人的に攻撃されたと受け止めるパーツがでてくることも，もっともなことです。ですから，あなたは仕事をしているのであって，防衛する必要はな

いと念を押して，防衛パーツを安心させましょう。あなたがミスをした場合，またはクライアントが正当な不満を持っている場合，それを認め，進んで修復しましょう。恐怖や感情的な痛みから目をそらすために，投影したり，ケンカを売ったりするクライアントのパーツも，治療のチャンスを提供しているのだと考えましょう。

5. 恥をかいた追放者がパートナーの一人とブレンドし，そしてセラピストとブレンドする

- 「これは誰にとっても耐え難いことだ」
- 「彼ら，あるいはこのパートナーはひどすぎる」

　感情の高まりは簡単に伝わります。幼児的な共感が強くなりすぎると，感情が伝染します。一人の赤ちゃんが泣くと，目の届くところにいる他の赤ちゃんも泣くのです。もしセラピストに幼い追放者がいて，その人が恥ずかしいと感じ，クライアントの追放者と強く共感し，セラピストを圧倒したら，セラピストの防衛パーツは，クライアントがセラピストの痛みを引き起こしていると考え，クライアントを非難するでしょう。

6. セラピストのあるパーツが一方のパートナーに共感し，内的にブレンドし，カップルと三角関係を築く

カップルセラピーは，本質的には三角関係です。いったんカップルと三角関係になると，私たちは次のような言葉を耳にすることがあります。

- 「こちらのパートナーは問題だ。あちらはバランスが取れている」
- 「こちらのパートナーは支配的すぎる。反応ばかりしている」
- 「この人は好きだけど，あの人は好きになれない」

さらに，次のようなことに気づくかもしれません。

- 一人のパートナーに肩入れし，別のパートナーから遠ざかる
- 一人のパートナーのことをかわいそうに思う
- 一人のパートナーと同一化し，その人だけを守ろうとする
- 片方の味方になる

IFIO では，カップルセラピストは無意識のうちに，自分が子どものころに家庭で体験した三角関係がデフォルトになることを臨床家に教えています。私たちの仕事は，自分の家庭での三角関係を探り，解決することです。

7. セラピストが，強く対立するカップルを担当している

IFIO の言葉では，「強く対立する」ということは，非常に強く脅威を感じている防衛パーツが存在し，精神的な安全を作り出すためにどんな戦略でも採用することを意味しています。強く対立するカップルでは，通常，相手を非難し，自分こそが正しいという信念を含む自分の物語に固執しています。これらの防衛パーツは，パートナーとセラピストの両方の神経系にマイナスの影響を及ぼします。これらのパーツは，自分の考える安全性だけに焦点を合わせるので，ちょっとしたきっかけで頻繁に視野を失います。もしセラピストの追放者が高い不安，恐怖，認知的圧倒，解離などの反応を示したら，セラピストの防衛パーツは次のようなことを言うでしょう。

- 「とても対処できない」
- 「二人は離婚すべきだ」
- 「二人は病的だ」
- 「どうすればセラピーをやめてもらえるだろうか？」
- 「二人を助けることはできない」

　ここでも私たちの仕事は，追放者を知り，助けることです。そのために時間を必要としたり，何らかの理由でカップルを助ける状況にないのであれば，自分のパーツの不安や判断に対処する責任があり，親切心をもってカップルをほかのセラピストに紹介しましょう。

8. 防衛パーツがパーツ言語に否定的な反応を示したり，Uターンを拒否したりする

- 「このカップルは，セッションのやり方に同意しないし，協力もしないため，どうしようもない」

　クライアントの防衛的なパーツは，多くの理由で協力を拒否することがあります。多くの場合，クライアントは誤解されている，軽蔑されている，あるいは価値がないと見られていると感じています。また，あるパーツは，パーツ言

語を使うと，自分が内的システムをコントロールすることを脅かされるのではないかと恐れています。さらに別のパーツは，過去のセラピーで否定的な経験をしたことがあります。このような防衛パーツは，セラピストに対して情け容赦なく接してくるように感じられるため，成功したいと望んでいるセラピストのパーツは，彼らに不寛容になることがあります。

9. セラピストに調整不全なパーツがある

　IFIO のモットーは，「あなたは私」 です。 セラピストにもパーツと Self があります。また，セラピストにも，幼少期の傷，人間関係の歴史，離婚などの体験があります。癒されていない人間関係のトラウマからくるセラピストの負荷が，セッション中のカップルによって活性化すると，セラピストは，整った，混じりけのない導き手ではなく，怯えた，圧倒された子どもに変身することがあります。心配はいりません。意識とコミットメントと練習で，私たちは自分のパーツが一貫してブレンドされないようにすることができます。場合によっては，コンサルテーションを受けるとよいでしょう。次のような感情や思考が繰り返されるようになったら，あなた自身の U ターンの時期です。

- 「この人たちに圧倒される」
- 「不安で効果が出ない」
- 「彼らのせいで苦労させられている」
- 「両親を思い出す」
- 「彼らのトラウマは私のトラウマと重なる」
- 「カップルセラピーは嫌いだ」
- 「私は無能だ」

 ## カップルセラピーで潜在的に活性度の高いトピック

　ある種のトピックは，セラピストの強い感情を呼び起こす可能性が高いです。これらは以下の通りです。

- セックスとセクシュアリティに関する問題

例えば：

　○一夫一婦制を信奉するセラピストに， 同時に複数の恋愛を認めるカップルが助

けを求めている。

- ○パートナーの一方が嘘をつき，不倫してきたカップルが助けを求めているが，その相談を受けるセラピスト自身が，自分のパートナーの不倫に傷ついていたり，自身の親の不倫の問題から立ち直れずにいる状態である。

- 性別についての問題

例えば：

- ○トランスジェンダーが一人または二人いるカップルが，出生時の性別割り当てに関して無意識的または意識的に偏った信念を持っているシスジェンダーのセラピストに助けを求める。

- 人種の多様性と混在の問題

例えば：

- ○有色人種のカップルが，無意識的に，あるいは意識的に人種的偏見を持つ白人のセラピストに助けを求める。

- ○人種の異なるカップルが，一方のパートナーと同じで他方とは異なる人種のセラピストに助けを求める，あるいは両方のパートナーと異なる人種のセラピストに助けを求めるが，そのセラピストは無意識的または意識的に人種的偏見を持っている。

- 宗教的，文化的，政治的な違い

例えば：

- ○中絶反対派のカトリックのカップルが，中絶賛成派の非カトリックのセラピストに助けを求め，そのうちの一人または全員が，異なる意見を持つ人に対して無意識的または意識的に偏見を抱いている。

- ○中絶について意見が合わないカップルがセラピストに助けを求めるが，そのセラピストは一方のパートナーに賛成で，他方のパートナーには反対する。

- ○ユダヤ教ハシド派のカップルが，ハシド派でないセラピストに助けを求める。そのセラピストは，ハシド派の教えとは異なり，女性は教育を受け，平等に力を持つ必要があると考えている。または，その逆。

- ○ドナルド・トランプに投票したカップルが，エリザベス・ウォーレンを支持したセラピストに助けを求める。または，その逆。

　カップルがどのような問題を抱えていても，また，セラピストがクライアントに対して反応的になってしまう場合でも，IFIOのプロトコルは変わりません。これはIFSにも言えることで，だからこそ，セラピストは様々な環境で，あらゆる人々にIFSのアプローチを用いて成功してきたのです。個人的な経験に関しては，私た

ちは皆，特殊で狭い視野を持っています。また，私たちは無意識のうちに自分の個人的な経験から物事を一般化してしまいますが，時にはより意識的に一般化することもあります。このため，IFIO と IFS におけるセラピストの仕事は，常に U ターンする姿勢を保つこと，つまり，自分自身のブレンドのレベルを評価し，自己の広い視野にアクセスすることなのです。Self の特徴のひとつは，複数の視点を一度に取り込むことができることです。U ターンしてブレンドが解除されると，クライアントに対する自分の反応に気づき，クライアントに対してより心を開くことができるのです。必要であれば，スーパービジョンを受けることも意義があるでしょう。

とはいえ，セラピストは，カップルの抱える問題の詳細について適切な知識を持つこと，あるいは持つように努力することが大切です。クライアントは常に自分自身について教えてくれますが，読書やコンサルテーションを通じて，自分自身で学ぶことができる問題であれば，クライアントが時間をかけて教える必要はないはずです。クライアントによっては，例えば，セラピストはゲイかアフリカ系アメリカ人でなければならないといった特定の条件を付ける人もいます。あるいは，他のどんな条件よりもセラピストに対する自分の感情を優先させたり，自分にとって重要なテーマについてセラピストの考えを誘導したいので，意図的に専門家を排除する人もいます。もし，あるカップルが何らかの理由で，あなたのカウンセリングルームに来ることになったものの，あなたが提供できないものを求めているのであれば，スーパービジョンを受けたり，その分野について情報を集めたり，それでも難しければ他のセラピストに紹介したりすることができます。

時には，他の治療提供者に参加してもらいたいと思うこともあります。例えば，医学的な問題については，専門家の評価を受けることが賢明です。しかし，パーツがこの問題に関与しているか，もし関与しているならどの程度かを探ることも良いアイディアです。また，ある種の性的問題のような機能的な問題に対しても，専門家の助言が重要になる場合があります。あるパーツの依存症や摂食障害など，命に関わる問題には，医学的な専門知識が必要な場合もあります。しかし，たとえあなたがパートナーの一方または両方に，その専門知識を求めて別の医療機関を紹介したとしても，そのカップルはあなたに会い続けたいと思うかもしれません。

次のワークシートは，セラピストがクライアントとのセッションで，個人的な反応パターンを招くあらゆるパーツを探り，そのパーツを理解するのに役立ちます。IFIO のセラピストは，逆転移を念頭に置き，片方または両方のパートナーに強い反応を示しているかどうかに気づかなければなりません。これを心がけておかないと，セラピストの反応的な防衛パーツや怯えた追放者は，治療関係を混乱させ，進展を妨げることになります。実際，治療が行き詰まったら，まず逆転移を探ってみてください。それが問題である可能性が高いのです。

Exercise	セラピストのワークシート
	セラピストのパーツ：自分のパーツの反応性に対処する

　セラピストは皆，セラピーの中で自分自身のジレンマに巻き込まれるものです。原則として，治療の最初から，セラピストには，カップルに対する自分自身の反応に好奇心を持つようにお願いしています。以下の質問は，自分のパーツが反応的になってしまったときに，好奇心を持つのに役立ちます。

1. あなたの身体にはどんな感覚がありますか？　その場所，強さ，エネルギーの動きを表現してください。

_____

_____

2. あなたの最初の衝動は何ですか（例：逃げる，戦う，走る，隠れる，無感覚になる，笑う，崩れ落ちる，諦める，守る）。

_____

_____

3. パーツはあなたに何を語りかけているのでしょうか？

_____

_____

4. 管理者または消防士といった防衛パーツたちを特定し，説明します。

_____

_____

5. 追放者を特定し，説明します。

_____

_____

6. ノートを見返して，予測可能な反応を何度もするパーツを特定してください。そのパーツたちは，あなたの Self に喜んで会ってくれるでしょうか？　ブレンド解除を進んで行うには，何が役立ちますか？

_____

_____

Section 5

体験型エクササイズ：
再演，スクリプトの書き換え，
そして修復

　安全を求めて争ったり，逃げたり，凍りついたりする習慣のある防衛パーツは，カップルが同調し，それぞれが，お互いに必要とする相互愛に満ちたリソースとなる能力を妨げます。話すことを減らし，身体に焦点を当てる体験型エクササイズは，カップルがいつもと違うことをすることによって，内面と外面の理解を深めることを可能にします。変化を考えるだけでなく，新しい，力強く統合された体験をすることを支援します。

　ここでの体験的なエクササイズは，痛みを伴うやりとりを再現し，脚本を書き変えることです。どのような治療モデルでもそうですが，実践することでさらなる可能性が見えてきます。したがって，IFIO アプローチの基本的なツールを理解した後は，自分の直感を信じて，より多くの体験的なエクササイズをすることをお勧めします。

体験型で演じる ● ● ●

　創造的なスクリプトの書き換えは，カップルの自律神経系の活性化を抑え，誤解やコミュニケーションのミスを修復し，凝り固まった関係パターンを変化させるのに役立ちます。また，希望を膨らませ，探求すべきより多くの材料を明らかにします。私たちの見解では，新しい行動を試みるパートナーの意欲は，防衛パーツが進んでブレンドを解除し，新しい行動が役立つことを認めてもよいと思っていることを示します。内的な分化は，各パートナーに本質的な U ターンをするためのスペースを与え，自分のパーツのジレンマに気づかせてくれます。Self がパーツと区別されたら，それぞれのパーツには自分の内的システムにもっと関わってもらいたいのです。皮肉なことに，内面を見つめることができるようになると，パートナーの苦悩を受け入れ，優しくすることが可能になります。内なる優しさが有益なサイク

139

ルを生み出し，セッションの合間に傷つくパターンを自ら中断することで，パートナーがお互いに優しくなれるよう準備します。

　体験型エクササイズでは，パートナーに心地よい慣れ親しんだ領域を出て，何か違うことをやってみるように求めます。このエクササイズは，すべてをスローダウンさせ，パートナーがジレンマを体現し，セラピストの助けを借りてシステムの中で解決できるようにするものです。カップルの信頼関係が十分に深まり，実験が有益であると確信したときに，実験を導入します。

　ゲシュタルト療法から引用した以下のセラピスト用ハンドアウトには，クライアントが実際にやってみることによって学ぶように導く2つの実験が含まれています（Roubal, 2009）。これらの実験は，創造的で冒険的なものです。状況やカップルの快適さのレベルに応じて，単純なものから複雑なものまであります。この実験の目的は，それぞれのパートナーがブレンドすることなく，対立したときにどのように振る舞うかを確認し，パートナーのパーツを体現することで，パートナーを理解し共感することです。実験が始まったら，私たちは流れに身を任せます。セラピストは，特定の結果に対する期待を軽く保持する程度にとどめ，オープンであり，好奇心を持ち，そして Self 主導で行動します。この経験は，現在の強い感情を理解するのに役立ちますし，将来的に注目すべき重要な問題を明らかにするかもしれません[*3]。

[*3]　ノエル・バフィエール Noëlle Buffière の協力に感謝します。

Exercise	セラピスト用ワークシート
	経験についての実験・再演

　次の 2 つの実験を設定するには，まずカップルに実験に興味があるかどうかを尋ね，あなたが考えていることを説明します。まず，何が起こっても，セラピストとしてその場にとどまる自信があるかどうかに気づき，このプロセスにおける安全性を確保します。もしそうでないなら，あなたのパーツがブレンド解除するように助けてください。それから，カップルから新しいことを試す許可を得て，抵抗するパーツを歓迎します。

　実験中，パートナーの探究心が深まる瞬間に注意を払い，パートナーが脆弱性を表現するように促します。パートナーが自分の経験を定着させることができるように，気づいたことや身体に起きていることを問い続けます。

　最後に，個人的・関係的な経験を処理するための時間を残しておきます。

実験 1：役割を交代する

1. カップルに，焦点を当てるべき出来事を選び，説明してもらいます。パートナーの一方または両方に，強い感覚，感情，思考を呼び起こす出来事を選びます。話を進める前に，その出来事について，大体同じ見解でいることを確認し，特に強い感情と結びついた場合には，記憶は不正確であることを思い出させます。
2. パートナーが良ければ，立って部屋の中を移動するように誘います。
3. 誰の経験を先に取り上げるか交渉します。最初にやる人を A と呼びます。
4. 両者を内面に招き，U ターンを促します。防衛パーツにブレンドを解除してもらい，それぞれのパートナーが問題の出来事に関わったパーツを見つけます。
5. B が自分のパーツを認識し，耳を傾けていられるかを確認します。
6. 次に，A に注意を向け，「この感覚，感情，思考の連鎖を引き起こした B のそのときの言動は何でしたか？」と尋ねます。
7. A に，これから B にそのトリガーとなる行動を再現してもらうことを伝え，A に以下のことについて気づいてもらいます。

    • 自分の身体
    • 内部でパーツが何を言っているでしょうか
    • 今彼らはどう感じているでしょうか
    • この状況で最も傷つきやすいと思われるパーツは何でしょうか

8. 次に，パートナー B にトリガーとなる行動を再現してもらいます。

    • 行動が再現されている間，A に確認してください。自分の反応性の下にある脆弱な

パーツに気づきましたか？　その希望，恐れ，ニーズを探る時間をとってください。

9. Bに以下のことを確認します。

　　• 行動を再現してみると，どのような感じでしょうか？

　　• 自分のパーツについて，どんなことに気づいたでしょうか？

　　• 今，どんな気持ちが湧いてきますか？

10. 時間があれば，今，あるいは，次のセッションで，役割を交代して，この手順を繰り返します。

実験2：もっと深く探る。相手の立場になる

　この実験では，パートナーがお互いを真に理解し，より広い視野でダイナミックに行動できるようになることを目的として，役割を交代するにとどまらず，パートナーそれぞれが想像力を駆使して相手を自分の身体に落とし込み，相手のパーツを内側で感じてもらうことを目的としています。この実験は，実験1の最初のステップから始まります。

1. Aに「この感覚，感情，思考の連鎖を引き起こした，そのときのパートナーの言動は何でしたか？」と尋ねます。

2. Bにトリガーとなる行動を再現してもらい，Aは下記のことに気づくようにします。

　　• 自分の身体

　　• 内部でパーツが何を言っているでしょうか

　　• 今彼らはどう感じているでしょうか

　　• この状況で最も傷つきやすいと思われるパーツは何でしょうか

3. Bに以下のことを確認します。

　　• 行動を再現してみると，どのような感じでしょうか？

　　• 自分たちのパーツについて，どんなことに気づいたでしょうか？

　　• 今，彼らはどう感じていますか？

4. 今度は，単に役割を交代するのではなく，AがBであることを想像してもらいます。ゆっくりと進めます。Aには，これから自分の身体，心の中で聞こえる声，感じるものに注意しながら，トリガーとなる行動を繰り返してもらうことを伝えます。そして，Aにトリガーとなる行動をやってみるように促します。

5. 次に，Aがその行動をしているときに気づいたことを探り，AにBのパーツの願いや必要性を代弁してもらいます。

6. 次に，BがAの立場になって気づいたことを尋ね，BにAのパーツの希望やニーズを代弁してもらいます。

7. それぞれのパートナーに，相手の立場に立った経験を話してもらいます。

- 彼らは何を学んだのでしょうか？
- 何が彼らを驚かせたでしょうか？
- 彼らは何か投影に気づきましたか？つまり，相手ではなく，自分のものであることに気づいたでしょうか？
- このことが今後の探求にどのように生かされるかを考える時間を持ちます。

8. 最後に，元のやりとりのスクリプトを書き直してみて，今どうなっているかを確認するように誘います。
9. 終わる前に，新たな気づきを記す時間を取ります。

他者になってみる

　次の事例は，あるカップルがまず役割を逆転させ，次にお互いになりきるというスクリプトの書き換えを行ったものです。キムとデイブは，結婚して17年になります。二人は50代の異性愛者で，二人の小学生の子どもがいます。キムは，ヨーロッパ系アメリカ人の母親とアフリカ系アメリカ人の父親を持ち，二つの人種の混血で，イギリスで育ちました。アフリカ系アメリカ人のデイブは，アメリカで育ちました。キムは弁護士の仕事で，月に5日以上は出張がありました。デイブは，地元の大学で，終身雇用の権利を持っている教授をしており，定期的な出張などはありませんでした。

　キムは，以前にセラピーを受けたことがあり，母親が心理学者であったことから，セラピーセッションには慣れているようでした。一方，デイブはセラピーを受けたことがなく，当初はセラピーを受けることで大学での自分の評判が落ちたり，精神衛生上の問題を抱えているといった汚名を背負うかもしれないと気にかけていました。二人はお互いに好意を示し，子育てもうまくいき，コミュニケーションも良好で，概して二人の関係に満足感を感じていました。しかし，キムが出張から帰るたびにケンカをするというパターンを断ち切ることができませんでした。このケンカは短時間でしたが，両者ともに痛みを伴うものでした。

　最初の数回のセラピーは実りあるもので，誰がみても役立っていることは明らかでした。セラピストはシスジェンダーでレズビアンのヨーロッパ系アメリカ人でした。まず初めに，このセラピストと一緒にセッションをすることに対する彼らの気持ちに焦点を当てました。次の焦点は，セラピーに警戒心を抱いているデイブのパーツから話を聞くことでした。これらはうまくいきました。二人のパートナーは，パーツの言語を使うことで，防衛パーツがブレンドされずに，傷つきやすい追放者に気づくのを助けてくれることを発見し，ストレスの多い会話の中で，彼らの神経系がどのように機能しているかを学ぶことができ，感謝しました。デイブは，自分には戦ってから逃げる傾向のあるパーツがあることを知り，キムにはすぐにシャットダウンする傾向のあるパーツがあることを知りました。二人は，セラピストが教えてくれた防衛パーツのブレンド解除を助けるツールを素早く使いました。次のセッションは，典型的なケンカを再現し，その後，スクリプトを書き換える実験を行った様子を示しています。

キム：出張から帰ってきたら，またケンカ。いまだにこの悩みが続いています。悲しいです。私は家に帰りたい気持ちでいっぱいでした。デイブと子どもたちに会いたかったのです。それなのに，またしてもこの難しい出来事が始まります。私は出張で疲れ切っていて，うまく対処できないのです。

　セラピスト：今日はここに集中していきますか？

キム：はい。

セラピスト：（デイブへ）あなたも大丈夫ですか？

デイブ：はい。ついこの間のことで，よく覚えています。キムはいつもより長く西海岸にいて，家に帰ってきたばかりのことでした。

セラピスト：（デイブへ）それについて何か話したいことはありますか？

デイブ：かなり動揺しています。批判され，見下されたように感じたことに気づきました。そして突き放されたように感じました。だから自分も突き放すのです。

セラピスト：このジレンマについて，どちらが先に話をしたいですか？

キム：（デイブに）今，あなたは動揺しているようですから，あなたからはじめますか？

デイブ：もちろんです。

セラピスト：（デイブへ）自分の体験を語るわけですが，記憶は強い感情によってゆがめられることを忘れないでください。（キムへ）デイブが話し終えたら，補足してもいいですよ。

キム：公平だと思います。

デイブ：そうですか。これまで話してきたように，私の家事に対する感覚はキムとは違います。彼女が留守の間，私が家事を担当すると，事態は一気に収拾がつかなくなります。私は整理整頓ができないし，子どもたちも散らかしますから，結局，家の中は散らかし放題になってしまいます。完璧でないと小言を言われると思うので，彼女が帰宅する前にすべてをまとめようと全力を尽くします。しかし，キムが家に入った途端，私が何をしたかよりも，うまくいかずに家の中が散らかっていることを指摘するのです。彼女はイライラしているように見え，私は見放されたように感じます。私はムカついて，その場を離れました。私はそれを本当に個人的に批判されたと受け止めています。

セラピスト：（キムに）付け足すことはありますか？

キム：まあ，確かにそういうところはありますし，自分でもわかっています。でも，彼の言い分は，私が完璧であることを望んでいるということです。そして，物事がうまくいっていないときに私がそれに気づき，小言を言ったり，彼や子どもたちに細かく指示したりするというわけですね。確かにそういうところがありますが，それでも彼の反応は不親切なものです。むしろ意地悪です。出張している間150％くらいのエネルギーを出していて，帰ったときは疲れ切っています。家に帰れば，休息と安らぎが欲しいんです。だから，私は自分の中のこのパーツ，つまり混乱を見て，彼の努力を忘れてしまうパーツが嫌いなのです。実際，私の母の影響だとは思いますが。それにしても，デイブの反応も好きではありません。彼に腹を立て，つい小言を言ってしまいます。するとデイブはすねて出て行ってしまいます。そうすると私もふさぎ込んでしまい，「なんでわざわざ家に帰って来たんだろう」などと考えてしまいます。私は，ただ孤独を感じているのでしょう。

セラピスト：このパターンは認識できますね？（2人ともうなずく）私にちょっと

アイディアがあります。気が向いたら，今すぐこのシナリオを別の方法で紐解いてみましょう。スローモーションでやり直してみましょう。そうすれば，互いの反応の下にあるものを発見し，互いの経験を感じ取ることができます。このエクササイズは，二人のケンカを追跡し，防衛パーツの言動を理解するためのものですが，より深く掘り下げていきます。

カップルにエクササイズを紹介する

キム：もう少し説明してもらえますか？

セラピスト：立って動き回ってもらいます。（デイブが身構える）もちろん，強制ではありません。他にも選択肢があります。

デイブ：いえ，やってみます。もし，うまくいかいなら，そのときにお伝えします。

セラピスト：いいですね。今週初めに起こったことに戻って，キムがドアから入ってきたところから再現してみましょう。お二人には，その状況で関わっているすべてのパーツに気づいてもらい，必要に応じて一時停止して，それらのパーツのブレンドを解除するようお願いします。

エクササイズをより詳細に説明して安全性を確保する

キム：私はやる気満々です。デイブは？

デイブ：もちろん。

セラピスト：私は，どんなふうに進み，探求していくのかについて，考えを持っています。しかし，お気づきかもしれませんが，何が起こるかはわかりません。だから，何が起きるか見てみしょう。いいですか？（二人はうなずく）立って，部屋の中を移動してください。デイブ，あなたから始めてもいいですか？

デイブ：もちろんです。

セラピスト：（キムに）とりあえず，あなたをコーチします。まず，あなたの中にある，デイブから話を聞きたくないパーツに気づき，ブレンド解除をお願いすることから始めましょう。それから，あなたの身体をスキャンして，聴くのに十分なスペースがあることを確認しましょう。

支援の提供

キム：（目を閉じて，心の中でしばらく考えてから，目を開ける）信じられないかもしれませんが，私はかなり準備ができています。私たちは二人で，一つの役を演じるのですね。自分が口うるさいというのは恥ずかしい気がします。

セラピスト：あなたの中に口うるさいパーツがあるのですね？

パーツ言語による言い換え

キム：そうですね。

　セラピスト：部屋に入って，いつものように行動し，話してみてください。デイブが気にすることを言ってみてください。

キム：(部屋の反対側の端に立って，デイブのほうに歩いていく) ただいま，ハニー！

デイブ：おかえり。

　デイブは彼女をハグする。キムはコートを脱いでハンガーを探す動作をする。そして，デイブの方を向き，苛立った口調で話す。

キム：どうして靴が棚のあちこちに乱雑に置かれているの？　どうしてコートをかけるハンガーがないの？

　セラピスト：デイブ，ちょっと時間をとって自分の身体に何が起きているのか気づいてください。

デイブ：そう，ここ！　ここ！　あるパーツがキレはじめた。

　セラピスト：そのパーツがなんて言っているのか聞こえますか？　ゆっくり話してください。

デイブ：どれだけ頑張ってもダメだな。うまくいかない！キムのためにこの家をきれいにするためにずっと働き続けてきた。でも絶対に片付かないんだ。

　セラピスト：このパーツは，決してうまくいかないことを恐れているのですね。

パーツ言語による言い換え

デイブ：そうです。

　セラピスト：それはあなたにとって，どういう意味ですか？

デイブ：私は不十分です。

　セラピスト：自分が十分ではないと感じると，どうなりますか？

デイブ：怒りますね。

　セラピスト：それから，キムから離れたいという衝動に気づくのですね？

デイブ：その通りです。

　セラピスト：闘争や逃走の衝動を身体で感じることができますか？

自律神経反応を名づける

デイブ：エネルギーが私の中を駆け巡っているのを感じています。

　セラピスト：(キムに) 今はどうですか？

キム：いい感じですよ。今はただ聴いていたいです。

デイブ：これには小言を言わないのかい？

キム：今のところはね。

　セラピスト：(キムに) もう少し話を聞いていられますか？

キム：大丈夫です。でも，いずれはデイブに私の話を聴いてもらいたいですけどね。

セラピスト：もちろんです。後で，あるいは，今日時間がなければ別のセッションで，役割を交代しましょう。（デイブに）あなたは身体にたくさんのエネルギーがあふれているようですが，動くと楽になりますか？

防衛パーツを安心させる

デイブ：実はそうなんです！（彼は歩き回り，腕を振ってから，立ち止まって深呼吸をする）はい，今少し気分が良くなりました。まだ逃げ出したいという強い欲求があります。自分の身体にこれほど注意を払うのは変な感じです。

セラピスト：（キムに）あなたには何が起こっていますか？

キム：身体にエネルギーが溜まっているのに，精神的に理解しようとすると行き詰まるというのは，私も共感できます。

セラピスト：デイブ，このままあなたのパーツとの会話を続けてもいいですか？（デイブがうなずく）身体の感覚に注意を払いながら，すべてのエネルギーの下にあるものを見つけることができますか？

デイブ：（キムに）私は傷ついたと感じています。それが一番大事なことです。ただ，なぜ君は家に帰ったら真っ先に，できていないことを指摘したり小言を言ったりするのだろう。理解できないね。

セラピスト：キムに質問したい気持ちは理解できますが，デイブ，まずその傷についてもっと話してもらえますか？あなたへの質問に答えをもらいましょう。

デイブ：傷ついた気持ちを感じています。（キムに向かって）私は，努力しないとできないことをやっています。それはあなたを満足させてあげたいと思ってやっているのですが，決して十分ではありません。これを認めると傷ついてしまう。人生の多くの局面で，正しいことをするために懸命に働いてきましたが，最も重要なところでいつも失敗します。私がどれだけ努力しているか，あなたはわかっていないと思います。私がしていることを見ていないのでしょう。

セラピスト：（キムに）どうですか？

キム：罪悪感があります。確かに私にはうまく制御できないパーツがあります。あなたが不十分だということではありませんね。

セラピスト：（キムに）デイブが子どものときの話をしてくれたことを考えると，彼が言う「自分は決してうまくできない」という負荷があることはあなたにも理解できますか？

キム：はい，確かに。

セラピスト：（デイブに）それを聞いてどう思いましたか？

デイブ：確かに，いい感じがします。

セラピスト：デイブ，キムに何か頼みごとはありますか？

デイブ：そうですね。気に入らないことについて話し始める前に，そして自分を満たすためにいろいろモノを動かしたりする前に，挨拶（声をかける？）してほ

しいです。何が正しくないかを探す前に，何がうまくいっているかを見てほしいです。言っていることはわかる？

キム：本当にそうね，デイブ。私には強迫性障害のパーツがあると冗談で言ったけど，何かありそうな気がします。強迫性障害そのものではないかもしれないけれど，似たようなものです。これは私の問題ですね。それに取り組むことを約束します。あなたを傷つけたくないし子どもたちを巻き込みたくない。

セラピスト：デイブ，今，あなたのパーツが見てもらったり，聞いてもらったりするのはどんな感じですか？

デイブ：良い感じです。ありがとう。（キムの方を向いて）ありがとう，キム，私の話を聞いてくれて，これに取り組むことに同意してくれて。

セラピスト：まだ少し時間があります。（デイブに向かって）キムがどんな体験をしているかを学ぶことは可能ですか？

デイブ：もちろん。

セラピスト：今回は少し変わったことをしてもらいます。逆の役割をしてほしいのです。キムの中で何が起こっているのかを知るために，彼女の気持ちの中に入ってください。いいですか？

> 計画を伝え，許可を得る

デイブ：問題ないですね。

キム：このアイディア，大好きです

セラピスト：もう一度立ってください，デイブ。足を床につけ，目を閉じてください。そして自分の中のキムを探してください。家に着いたときに感じていたことから始めてください。

デイブ：疲れている，家に帰れて嬉しい。私たちに会うのを楽しみにしている。（キムがうなずく）それで私は中に入って，デイブに抱きしめてもらいます。コートをかけるためにクローゼットを開けますが，その途端，心が沈みます。「誰が私を大切にしてくれるの？ 靴はクローゼットの床に散乱し，ハンガーも見つからない。疲れているのに，家に帰ったらすぐにみんなの後片付けをしなければならないと思うと，もう何もかも嫌になる」。残念で，孤独で寂しい気分です。

セラピスト：すばらしい，デイブ。もう目を開けてもいいですよ。どんな感じでしたか？

デイブ：悲しいです。家に戻りたいと思って，楽しみな気持ちで，疲れて帰ってきたのに，家の中がめちゃめちゃになっている。

セラピスト：もう少し深く入ってもいいですか？ もう一度目を閉じて，彼女のパーツを見つけてください。

> 探究心を深める

デイブ：（目を閉じて，数秒間沈黙して）私は，世話を焼かれる必要性を感じています。そして多分，圧倒されて手に負えないという感情もあるのでしょう。（目を開けてキムを見る）あなたの気持ちを正しく理解していますか？

キム：まさにその通りです。そして苛立つパーツがそれを隠すために介入してきます。

デイブ：そうすると，私のイライラしているパーツが反応するんです。

セラピスト：キム，今デイブの声を聞いてどう思いますか？

キム：素晴らしいですね。二人がちょうど同じように感じているなんて，すごいと思いませんか？

セラピスト：内的な会話が外的な会話に影響を与えます。お互いにそのことを話すのはどうでしょう？ お互いの立場になって考えることを，定期的にやってみるのはどうでしょう？

デイブ：私はこのエクササイズがとても好きですね。今日も大事なことにたどり着きました。家でもやってみたいと思います。

セラピスト：キムの立場に立ってみて，彼女が最も必要としているものは何だと思いますか？

デイブ：理解されることです。

キム：あと，何かと優しく声をかけてほしいです。

デイブ：なるほどね。それなら私が被害者意識を持つ必要はない。

セラピスト：その通りです。パートナーが反応的なパーツとブレンドしているときでも，あなたには心を開いていてほしいと思います。どちらかが反応的だと感じているときに，根本的なニーズを代弁するのは難しいことだと私は理解しています。しかし，自分の内面のジレンマについて理解を深めれば，パートナーのジレンマも認識できるようになり，ただ否定的に反応するのではなく，思いやりを持つことができるようになると思います。今日，最後にもうひとつだけ言わせてください。私は，あなたの防衛パーツの下にある脆弱なパーツの存在を感じます。キム，あなたには，「私の面倒はだれが見てくれるの？」というパーツがありますね。そしてデイブのパーツは，「僕のことを見てほしい」と言っています。これらは重要なパーツです。これらのパーツについて，次回も進めていきましょう。

> 今回のセッションを総括し，今後の新しい課題を提示する

　この例が示すように，IFIO の基本的なステップを越えた実験が，カップルとのセッションを盛り上げます。この体験的エクササイズは，問題をはらんだやりとりを再現し，両者のスピードを落としてUターンし，それぞれのパーツを観察し，その場面をやり直し，最後に役割を逆にしてもう一度やってみるというものです。このエクササ

イズでは，自分の内面を探求し，発見したことを安全に話し，新しい行動を試すことができます。再演と役割の逆転は，カップルの理解と自己受容を高めながら，選択肢への気づきを育みます（Yaniv, 2018）。その体験は，自発的な修復につながることもあります。さらに，エクササイズから得た情報は，今後のセッションの方向性を示してくれます。

結　論

　本書が示すように，IFIO は具体的な目的を持ちながらも，時間的な制約を受けません。それは，始まり，中間，そして終わりという形で構成されています。はじめに，私たちはいくつかの重要な質問を投げかけます。パートナーは何を望み，何を恐れているのか，そして治療のゴールは何なのか。私たちの目的は，パートナーが安心して分化し，愛着を持てるようにすることです。そしてカップルがどの程度同じものを見ているか，そして，どの程度見解が異なるのかを評価します。また，二人の関係をしっかりと結びながら，自分らしさを十分に発揮するために手助けが必要かを尋ねます。

　IFIO セラピーでは，どのくらいの時間がかかるかを予測することはできません。しかし，カップルが関係性の領域の外側と内側で，それぞれ分化できるようにします。まず，二人の行動と相互作用のパターンを評価し，彼らのパーツに気がつくように導きます。大切なのは，特に，自分のパーツからではなく，そのパーツの言葉を代弁すること，裁いたり，否定しようと慌てたり，その場を支配しようとせず，心から聴くことです。

ブレンド解除は IFIO セラピーのキーポイント

　ブレンド解除は，話し手の口調を変え，聴き手の聴き方を変えます。パートナーは，防衛パーツについて好奇心を持つことができるようになります。彼らは，すべての防衛パーツの下には追放者がいることを発見すると，共感し，もっともなことだと理解し，思いやりを示すことができるようになり，幼い頃の傷の証人となり，関係性の負荷を取り除くための土台を築くことができるようになります。このプロセスは，二人を治療の最後のハードルに導きます。それは感謝と相互尊重の場から行う謝罪，修復，そしてそれが可能であれば許しです。

　すべてのカップルは，安全なつながりを取り戻すためのスキルを必要としています。良い謝罪の構成要素には，罪を犯した人が防衛パーツから解き放たれ，追放者の世話をし，与えた損害の責任を取ることができるということが含まれます。許しについて上手に話し合う能力は，私たちが教えていることすべてを必要とし，特に Self への良好なアクセスが求められ，それはほとんどのカップルにとって最後に身についてきます。私たちは，その話し合いに入る前に，カップルに 3 つのポイントを確認することを提案します。第 1 に，許すことが将

来を決めるわけではありません。カップルは許しても別れることを決めるかもしれません。第2に，許すことは過去を元に戻したり消したりすることではありません。むしろ，傷ついたパートナーが自分の弱さを受け入れ，防衛パーツが身を引くのを助けるという一つの決定をした証です。第3に，許すと悲しみが活性化します。もし防衛パーツが悲しみをうつと混同していたら，悲しむことの重要性と安全性を再確認する必要があります。

　パーツが愛されていると感じるとき，ハートは他の人に向けて開かれます。しかし，ブレンドが解除されない限り，相手は私たちの愛を感じることができません。同じように，パートナーも愛を与え，受け取るために分化する必要があります。私たちは，それぞれのパートナーがUターンし，パーツからブレンド解除することによって，カップルの分化と新たなつながりを支援します。IFIOは，分化型の心理療法なのです。私たちは，パートナーに島国のように独立して，すべての自分のニーズを満し，ストイックで孤独であることを求めているのではありません。これを恐れるパーツもいるでしょう。むしろ，二人のパーツがSelfとよりよくつながっていると感じるにつれて，カップルが一緒にいたいという願望と，お互いの感情的なニーズを満たす能力が高まっていくことを知っているのです。

　私たちの仕事は，クライアントが何か新しいことをするのを助けることです。私たちは，カップルが分化しながらつながり，異なっていても互いを受け入れ，サポートしつつ自立し，ユニークでありながら一緒にいることを体験してほしいと考えています。私たちは，怒り，欲求，悲しみ，愛について話す機会を提供します。謝罪し，許しを請（こ）うように促します。私たちは，カップルが自分たちの最高の問題解決者であることを支援します。IFIOセラピーでは，カップルは，自分のパーツを大切にすることと，伴侶を大切にすることの間に矛盾がないこと，私とあなたのためのスペースが常にあることを発見します。IFIOは，一つの在り方を指定するものではありません。また，いつまでにやらなくてはならないといった時間の縛りもありません。カップルがお互いに満足できるようになることを，私たちは望んでいるのです。セラピストはただ，カップルをゴールに導くための効果的なツールを提供します。関係性のダイナミクスを追跡し，ブレンドの解除，Uターンへの多くのルートを使用するなどです。私たちは皆，個性を発揮したい，安心したい，自分を十分に表現したい，つながりの中にいたい，愛されていると感じたいといった，人間としての核となるニーズを持っています。壊れた橋を修復し，つながりへの道を見つけることは，親密なパートナーが古い傷を癒し，開かれた心で愛を迎え入れることを助けます。

訳者あとがき

　内的家族システム（IFS）は，現在北米を中心に，非常に多くのセラピストから注目されている療法である。IFS の公式トレーニングの受講を希望し，ウェイティングリストに名前を連ねているセラピストが，7,000 人，あるいは，1 万人いるともいわれている。IFS では，私たちの内面には，様々な人格を持ったパーツ（副人格）があり，基本的には善意の意図を持ち，その人を守ろうとして，懸命に行動している，と考える。深刻な問題に巻き込まれたりせず，それなりに自我を健全に成長させてきた人にとっては，多くの場合，この内的家族はそれぞれ調和的であり，その人の健康を守り，良い人間関係を育んでいくことに一致して協力してくれる。しかし，特に，幼少期に虐待や災害など，激烈な体験を持つと，そのトラウマ的なエネルギーに対抗しうるだけの強烈なパワーを持ったパーツが現れる。そして「善意」でその人を極端な行動に走らせるというわけだ。

　セラピストなら体験していることだと思うが，ある日のセッションがとてもうまく行き，もはやカウンセリングは終結ではないか，と思ったのに，次のセッションでは，同じクライアントが，まるで別人のように不機嫌で，非協力的で，さらには，セラピストに向かって，先のセッションは失敗であり，そのために傷ついた，などと感想を言ってくることがある。こちらもとまどいながら，そのクライアントの「今ここ」に寄り添おうと，懸命の努力をする。

　DID（解離性自己同一性障害）の診断名がつくほどではないが，機嫌や特徴が目まぐるしく変化するトラウマ・クライアントは多い。トラウマを受けると，気分の変調が激しくなるのであろうと捉えて，こちらも改めて，忍耐強く寄り添っていこうと決意しなくてはならない。こうした現象に，さらに具体的な説明を加えてくれたのが IFS である。虐待などの激烈な体験を持つと，文字通り，その人（その子）を生かしておくために，同じくらい激烈なパーツが現れる。そして，往々にして「楽になりたい」「みんなとうまくやっていきたい」と思うパーツと二極化を作り出し，「そんな甘い顔をしたら，またあのような痛みを味わうことになるのだ」と「待った」をかける。その結果，内面に様々な混乱が起こり，それを落ち着かせるための行動化が現れたりする。

あるセッションでは，ある方向性を見出して，そちらに向かっていきたいと抱負を述べ，喜々として帰っていったとしても，それは一つのパーツの意見である。次のセッションでは，別のパーツが出てきて，「前回のセッションでは裏切られ，傷ついた。」という。セラピスト側では，前回と今回で全く違う意見を言うので，戸惑うが，これは，違ったパーツが出てきているのだ。こうした場合，クライアントをどのように導いていくかは，先に私が共訳した『内的家族システム療法スキルトレーニングマニュアル』（岩崎学術出版社）を参照されたい。

本書は，この概念をカップルに当てはめて展開していくものである。IFIO は，"Intimacy from the Inside Out"「親密さを心の中から理解する」という手法である。IFIO が秀逸なのは，カップルの構成員を，それぞれの過去の体験の集大成として見ていて，様々なパーツが出てきて思いを語ると捉えている点である。「なぜそのようなことを言うのか」「なぜここに反応してくるのか」など，相手の言動を理解できないときに，私たちはつい相手を非難してしまう。しかし，自分と考えが異なるとき，ダイレクトに非難や悲嘆反応に走るのではなく，そういうことを言ったり，したりする理由があると考える。あるいは，そういう意見を言っているパーツがある，と考えるのである。そして，そのパーツの言い分を聞くのだ。

私たちは，何もないところに突然生まれてくるわけではなく，文化社会的，歴史的な出来事，体験，様々な感情や，価値観，トラウマといったものの「ごった煮」の中に生まれてくる。そして，その「ごった煮」の中で成長し，ユニークな自分になっていく。自分のいわゆる性格もあるし，世代間伝搬してきたトラウマや，文化社会的な価値観なども抱えながら，私たちは成長していくのだ。そのなかで生まれてきた様々なパーツが私に影響を与え，カップルのダイナミクスにも影響する。そこで，IFIO では，発端となった意見の相違について，是非を問うのではなく，なぜそれがそれほどに二人に痛みを与えるのかを吟味し，痛みを生じるようなダイナミクスがなぜ繰り返されるのかを理解しようとする。そして，お互いが傷つきやすさを抱えた人であることを認め，肩を寄せ合い，幸せになっていく方法を「話し合う」。ここでは，話し合うことが大切なのであり，結論を出すことに焦点は当たっていない。私自身も IFIO の模擬セッションを体験したが，カップルの神経系の活性化を収めながら，話し合う余地を探していく方法は，ポリヴェーガル理論から言うと，腹側迷走神経複合体が働き始めるのをサポートすることであるともいえる。

私は，2023 年の春に，IFIO のトレーニングに参加することができた。オンラインでアメ

リカの太平洋時間に行われたのだが，ちょうど日本の午前１時から９時までという昼夜逆
転の時間帯だった。私の中には，昼夜逆転は身体に良くないから，参加は見合わせたほうが
いいという意見を持ったパーツもいたが，いつもの好奇心旺盛なパーツが，別の時間帯に十
分睡眠をとることを約束し，内的システムの反対を押し切って，受講申し込みを決めた。す
でにキャンセル待ちのセラピストが大勢いて，受講にも審査があり，受講は難しいかもしれ
ないと思った。しかし，幸いなことに参加許可が下りた。もしかするとダイバーシティを担
保するために，特別に許可されたのかもしれない。人種的に言うと，アジア圏から参加して
いたモンゴロイド系のセラピストは，私一人だった。

　IFIO のトレーニングは，印象深かった。まず，講師をはじめ，アシスタントたちの質が
極めて高く，自分の内面のワークをしっかり行っている，人格の成熟した人たちだという印
象を持った。さらに，先にも述べたように，ダイバーシティについて大変きめ細かく配慮し
ており，思いやりと尊敬のあふれる安心安全の場を作っていた。一人一人の名前を呼び，誰
一人取り残さず，また，価値観の違いにも配慮し，成熟したやりとりが見られた。私にとっ
て，IFIO のスキルを学ぶことも重要だったが，ソマティック・エクスペリエンシング® の
ファカルティとして，トレーニングの運営についても，非常に学ぶことの多い体験となった。
この体験に感動して，アドバンストレーニングも申し込んでしまった。またもや，昼夜逆転
となるが，今から楽しみである。

　日本に住んでいると自分が有色人種であることを意識する機会は少ない。日本にいる限り，
私は専門職を持ち，大学でも教え，さらに会社を経営している点などから，社会的に不利益
を被ることはほとんどない。だから，自分がマイノリティであることを意識することは少な
い。しかし，今回参加した IFIO のトレーニングは，ほとんどが白人の受講生で，私は
BIPOC（アフリカ系，先住民，有色人種）の一人である。今のアメリカの運気としては，
BIPOC に敬意を表するよう，多くの心ある人たちが心配りをしており，私は手厚く歓迎さ
れた。そのために，かえって自分が有色人種であることを強く意識するという，面白い体験
をした。

　さて，IFS も，IFIO も，人の問題行動を病理化せず，パーツの声として尊重し，過酷な
環境の中でその人の生命を維持し続けてきた功績を認め，感謝する。すると，変容がもたら
される。これは，健康な人にとっては，新たな成長のきっかけを作ってくれるし，非常に厳

しい状態にある人にとっても，根底からその人が変容する可能性を示す，希望をもたらすセラピーである。これは，精神科領域の治療方法の一つとしても，非常に大きなポテンシャルを持っていると感じる。また，私が専門とするソマティック・エクスペリエンシング® とも極めて相性がいい。唯一残念なのは，まだ IFS や IFIO を教えられる人が少ないため，日本での公式トレーニングが行われていないことだ。これから，様々な機会を設けて，日本のセラピストの皆様にも，IFS および IFIO のスキルをご紹介していきたいと思う。

最後に，本書の翻訳の機会を与えてくれた岩崎学術出版社と，編集者の鈴木大輔氏，前川千亜理氏に感謝する。編集者のお二人からは，IFS の基礎を理解した上での様々なアドバイスを賜り，より読者にとってわかりやすい翻訳を提供できた。また，過去 3 年間，日本のセラピストのために，自主勉強会をリードしてくれた，IFS 認定セラピストのジョージィ・クック氏に感謝する。ジョージィの温かい人柄のおかげで，みんな IFS が大好きになった。臨床に活用している人も多い。この場を借りて感謝の意を表したい。さらに，パートナーの山田岳氏に感謝する。二人は見事なほどに性格や発想，嗜好が異なる。長い年月をかけて，お互いの違いを理解するように努め，境界線を尊重し，調整を繰り返しながらパートナーシップを磨いてきた。今回，カップルセラピーの本を一緒に翻訳できることになり，大変うれしく思っている。また，いつも明るく私を応援し，貴重なアドバイスをたくさんしてくれる娘に感謝する。最後に，13 年間一緒に歩んでくれている愛犬蘭にも感謝したい。下肢にマヒをきたし，この地球上で過ごす時間が少なくなってきているのを感じる。私と岳さんが歩んできた日々を，喜びと笑いで彩ってくれた。ありがとう！

2023 年 8 月吉日

花丘ちぐさ

参考文献

Anderson, F. G., Sweezy, M., & Schwartz, R. D. (2017). *Internal family systems skills training manual: Trauma-informed treatment for anxiety, depression, PTSD & substance abuse.* Eau Claire, WI: PESIPublishing & Media.

Badenoch, B. (2008). *Being a brain-wise therapist: A practical guide to interpersonal neurobiology.* New York: Norton.

Barstow, C. (2005). *Right use of power: The heart of ethics.* Boulder, CO: Many Realms Publishing.

Cozolino, L. J. (2006). *The neuroscience of human relationships: Attachment and the developing social brain.* New York: W. W. Norton.

Cozolino, L. J. (2008, September/October). It's a jungle in there. *Psychotherapy Networker, 32* (4), 20-27.

Dana, D. (2018). *The polyvagal theory in therapy: Engaging the rhythm of regulation.* New York: W. W. Norton.

Fruzzetti, A. E., & Worrall, J. M. (2010). Accurate expression and validating responses: A transactional model for understanding individual and relationship distress. In K. T. Sullivan & J.

Davila (Eds.), *Support processes in intimate relationships* (pp. 121-150). New York: Oxford University Press.

Geib, P. (2016). Expanded unburdenings: Relaxing managers and releasing creativity. In M. Sweezy & E. L. Ziskind (Eds.), *Innovations and elaborations in internal family systems therapy* (pp. 148-163). New York: Routledge.

Hendrix, H. (1988). *Getting the love you want.* New York: Henry Holt and Company.

Herbine-Blank, T., Kerpelman, D. M., & Sweezy, M. (2016). *Intimacy from the inside out: Courage and compassion in couple therapy.* New York: Routledge.

Katie, B. (n.d.). *The work of Byron Katie.* Retrieved from https://thework.com.

Krause, P. K. (2013). IFS with children and adolescents. In M. Sweezy & E. L. Ziskind (Eds.), *Internal family systems therapy: New dimensions* (pp. 35-54). New York: Routledge.

Lewis, H. B. (1974). *Shame and guilt in neurosis.* New York: International Universities Press.

Minuchin, S., & Fishman, H. C. (1981). *Family therapy techniques.* Cambridge, MA: Harvard University Press.

Porges, S. W. (2007). The polyvagal perspective. *Biological Psychology, 74* (2), 116-143.

Roubal, J. (2009). Experiment: A creative phenomenon of the field. *Gestalt Review, 13* (3), 263-276.

Schore, J. R., & Schore, A. N. (2007). Modern attachment theory: The central role of affect regulation in development and treatment. *Clinical Social Work Journal, 36* (1), 9-20.

Schwartz, R. C., & Sweezy, M. (2019). *Internal family systems therapy* (2nd ed.). New York: Guilford Press.

Siegel, D. J. (1999). *The developing mind: Toward a neurobiology of interpersonal experience.* New York: Guilford Press.

Siegel, D. J. (2003). An interpersonal neurobiology of psychotherapy: The developing mind and the resolution of trauma. In M. Solomon & D. J. Siegel (Eds.), *Healing trauma: Attachment, mind, body, and brain* (pp. 1-56). New York: W. W. Norton.

Siegel, D. J. (2007). *The mindful brain: Reflection and attunement in the cultivation of well-being.* New York: W. W. Norton.

Spring, J. A. (2004). *How can I forgive you? The courage to forgive, the freedom not to.* New York: HarperCollins.

Yaniv, D. (2018). Trust the process: A new scientific outlook on psychodramatic spontaneity training. *Frontiers in Psychology, 9,* Article 2083.

索　引

訳者紹介

花丘ちぐさ（はなおか・ちぐさ）

公認心理師，指導健康心理士，博士（学術），ソマティック・エクスペリエンシング®・インターナショナル・ファカルティ。

早稲田大学教育学部国語国文学科卒業。米国ミシガン州立大学大学院人類学専攻修士課程修了。桜美林大学大学院国際人文社会科学専攻博士課程後期修了。A級英語同時通訳者。「国際メンタルフィットネス研究所」代表。

著書に『その生きづらさ，発達性トラウマ？；ポリヴェーガル理論で考える解放のヒント』（春秋社 2020 年），『なぜ私は凍りついたのか；ポリヴェーガル理論で読み解く性暴力と癒し』（春秋社 2021 年）〔編著〕，『わが国におけるポリヴェーガル理論の臨床応用；トラウマ臨床をはじめとした実践報告集』（岩崎学術出版社 2023 年）〔編著〕，翻訳書に P・ラヴィーン著『トラウマと記憶；脳・身体に刻まれた過去からの回復』，S・ポージェス著『ポリヴェーガル理論入門；心身に変革をおこす「安全」と「絆」』，D・デイナ著『セラピーのためのポリヴェーガル理論；調整のリズムとあそぶ』，モナ・デラフーク著『発達障害からニューロダイバーシティへ；ポリヴェーガル理論で解き明かす子どもの心と行動』，ステファン・W・ポージェス／デブ・デイナ著『ポリヴェーガル理論臨床応用大全；ポリヴェーガル・インフォームドセラピーのはじまり』（春秋社 2017 年／ 2018 年／ 2021 年／ 2022 年／ 2023 年），K.L. ケイン／ S.J. テレール著『レジリエンスを育む；ポリヴェーガル理論による発達性トラウマの治癒』（岩崎学術出版社 2019 年）〔共訳〕，フランク・G・アンダーソン／マーサ・スウィージー／リチャード・C・シュワルツ著『内的家族システム療法スキルトレーニングマニュアル；不安，抑うつ，PTSD，薬物乱用へのトラウマ・インフォームド・ケア』（岩崎学術出版社 2021 年）〔共訳〕，S. マコーネル著『ソマティック IFS セラピー；実践における気づき・呼吸・共鳴・ムーブメント・タッチ』（岩崎学術出版社 2022 年）〔監訳〕などがある。

SE™，IFS をはじめとした心理学関連の海外講師を招聘してのトレーニングを主催している。

山田岳（やまだ・がく）

公認会計士，BCST（バイオダイナミック・クラニオセイクラル・セラピスト）。

中央大学商学部会計学科卒。井上斎藤監査法人勤務。その後，新橋監査法人に勤務し，代表社員となる。2017 年に ICSB（the International Institute for Craniosacral Balancing）のトレーニング修了，同時に BCST の資格を取得。開業。2019 年より ICSB トレーニングアシスタント。

翻訳書にフランク・G・アンダーソン／マーサ・スウィージー／リチャード・C・シュワルツ著『内的家族システム療法スキルトレーニングマニュアル；不安，抑うつ，PTSD，薬物乱用へのトラウマ・インフォームド・ケア』（岩崎学術出版社 2021 年）〔共訳〕がある。

カップルセラピーのための内的家族システム療法マニュアル
トラウマを超え真のパートナーシップを創造する IFIO アプローチ

ISBN 978-4-7533-1235-1

訳者

花丘ちぐさ／山田岳

2023 年 12 月 8 日　初版第 1 刷発行

印刷・製本　㈱太平印刷社
_____

発行 ㈱岩崎学術出版社　〒 101-0062 東京都千代田区神田駿河台 3-6-1
発行者　杉田 啓三
電話 03（5577）6817　FAX 03（5577）6837

内的家族システム療法スキルトレーニングマニュアル
──不安，抑うつ，PTSD，薬物乱用へのトラウマ・インフォームド・ケア
F.G. アンダーソン他著／浅井咲子，花丘ちぐさ，山田岳訳
IFS の理論と実践を分かりやすく結びつけたワークブック

レジリエンスを育む
──ポリヴェーガル理論による発達性トラウマの治癒
キャシー・L・ケイン他著／花丘ちぐさ，浅井咲子訳
トラウマを癒す神経系のレジリエンスと調整

ソマティック IFS セラピー
──実践における気づき・呼吸・共鳴・ムーブメント・タッチ
S. マコーネル著／花丘ちぐさ監訳
身体を使ったソマティックな原理と IFS の枠組みの融合

わが国におけるポリヴェーガル理論の臨床応用
──トラウマ臨床をはじめとした実践報告集
花丘ちぐさ編著
日本の研究者・臨床家 34 名からの最新実践レポート

サバイバーとセラピストのためのトラウマ変容ワークブック
──トラウマの生ける遺産を変容させる
J・フィッシャー著／浅井咲子訳
支援者・当事者必携、トラウマ克服のためのワークブック

子どものトラウマと攻撃性に向き合う
──ポリヴェーガル理論に基づくプレイセラピー
L. ディオン著／三ケ田智弘監訳
攻撃性とトラウマをやわらげるためのポリヴェーガル理論の活用

子どものトラウマを理解し、癒やす
──トラウマインフォームドケアと ARC の枠組み
伊東ゆたか編著
子どもを支援するすべての人に送るトラウマに気づきケアする方法

◎価格は小社ホームページ（http://www.iwasaki-ap.co.jp/）でご確認ください。